満点の家をつくりたい 3

東海の建築家とつくる家

Create an Ideal House
with an Architect in Tokai

建築ジャーナル〚編〛

建築ジャーナル

はじめに

家づくりは人生最大のイベントです。
限られた予算のなかで、あれもしたい、これもしたいと、
望みは数限りなく出てくるものです。

●

そこで重要なのは、誰に頼むか、です。
ハウスメーカーや工務店でしょうか。それともいっそ建売住宅にしますか？
あなたがもし、本当にすみずみまで自分の考えが反映された
満足のいく家をつくりたいと考えるなら、
そのとき最も頼りになるのが、「建築家」です。
「建築家に頼むと、設計料の分だけ高くなる」といわれますが、
ハウスメーカーや工務店では、工事費の中に設計料が含まれ、
しかも建て主の立場で工事を監視する機能がほとんど存在しません。
建築家はプロの目で工事現場をチェックし、
手抜きや不適切な工事を未然に防ぎ、建て主の利益を守ります。
トータルに考えると、結局、建築家に頼んだほうが安くあがる場合が多々あります。
終始、建て主の考えによりそい、それを限られた予算のなかで
最大限に実現するのが、建築家の役割なのです。

●

本書には、実際の建て主による住まいの感想が掲載されています。
それが好評を得て、ここに第３弾を発行することとなりました。
今回も、東海４県で活躍する建築家の中から36組と
彼らが建て主とつくりあげた代表的な住まいを紹介しています。
建築家の考え方や趣味など、人間像にも触れています。
このなかから、あなたの家づくりに
最も合ったパートナーを見つけてください。

目次

はじめに……2

建築家との家づくりのすすめ 建築家に依頼するべき5つの理由……4

建築家とつくる家づくりの流れ 気になるスケジュールとお金の支払いタイミング……6

自然災害に向き合う東海地方の住まい
溝口正人（名古屋市立大学大学院芸術工学研究科教授）……11

静岡

case 1 脇邸／**酒井信吾**（酒井信吾建築設計事務所）……14

case 2 快適環境の家／**風間健一**（風間建築工房）……16

case 3 せがい造りの家／**清水國雄**（清水建築工房 一級建築士事務所）……18

case 4 菊川White Cube／**高橋雅志**（一級建築士事務所高橋設計事務所）……20

愛知・名古屋

case 5 楚原の家／**鈴木道夫**（工房 道）……22

case 6 枠を超える可能性が拡がる家／**脇田幸三**（綜設計）……24

case 7 菰野のリノベーション／**才本清継**（才本設計アトリエ）……26

case 8 岩崎台の家／**前田真佑**（前田建築設計室）……28

case 9 SK-HOUSE／**今井賢悟**（今井賢悟建築設計工房）……30

case 10 寺津の家／**松原知己**（松原建築計画）……32

case 11 滝ノ水のコートハウス／**尾崎公俊**（設計工房 蒼生舎）……34

case 12 山添町の家／**光崎敏正**（光崎敏正建築創作所）……36

case 13 ノッポハウス／**高橋泰樹**（高橋泰樹設計室）……38

case 14 神沢の家／**山田昌毅**（山田昌毅建築設計事務所）……40

case 15 豊明の家／**川嶌 守**（川島建築事務所）……42

case 16 長久手の家／**中渡瀬 拡司**（CO2WORKS一級建築士事務所）……44

case 17 M邸／**入江 理**（入江設計室）……46

case 18 ごく「普通の家」への想い——N邸／**伊藤博樹**（MRL設計室）……48

愛知・尾張

case 19 木立に暮らす家／**森 哲哉**（森建築設計室）……50

case 20 寄り添って暮らす家／**宮崎晋一**（空間設計aun）……52

case 21 和光の家／**梶浦博昭**（梶浦博昭環境建築設計事務所）……54

case 22 両郷町の家／**谷 進**（タクト建築工房）……56

case 23 包み込む／**髙橋純也**（Ju Design 建築設計室）……58

case 24 UT邸／**上田高史**（建築工房エムエーエー）……60

case 25 坪庭のある招き屋根の家／**永井政光**（永井政光建築設計事務所）……62

case 26 K House／**樋口 津也子**（KOO設計室）……64

case 27 マンナカハウス／**六浦基晴**（m5_architecte一級建築士事務所）……66

愛知・三河

case 28 O氏邸／**岩瀬英二**（一級建築士事務所リトルエッグ）……68

case 29 中庭を望む家／**岡田貴行＋中野真人**（岡田中野建築研究室）……70

case 30 遊びと繋がりを感じる家／**高橋昇一**（翔・住空間設計）……72

case 31 本田邸：葵製茶／**川窪 巧**（川窪設計工房）……74

岐阜

case 32 中庭のある平屋の住まい／**山本静男**（LIC・山本建築設計事務所）……76

case 33 つながる家／**内田実成**（内田建築設計事務所）……78

三重

case 34 双子のibushiの舎／**瀬古智史**（SSD建築士事務所）……80

case 35 S.C.H セミ・コートハウス／**大渡誠一**（DROPS）……82

case 36 縦動線の増築／**高瀬元秀**（C lab.タカセモトヒデ建築設計）……84

建築家index……86

建築家は家づくりの最初から最後まで、建て主であるあなたとともにあります。
家づくりに携わる建築家は「あなたらしい住まい・生活をかたちにする」ことに、心を砕きます。
また、あなたとの会話などから、個性や普段の暮らしについてヒントを得て、
要望以上の提案をしてくれるのも建築家ならでは。
建築家が設計するのは、あなたや家族のために考えられた唯一無二の家です。

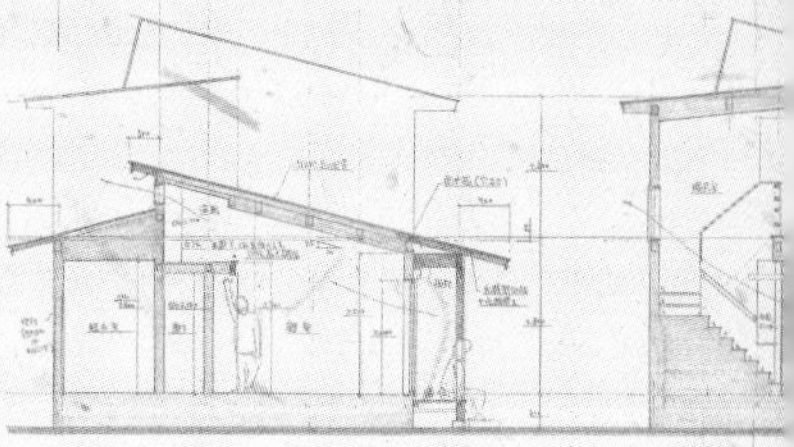

建築家との家づくりのすすめ

建築家に依頼するべき

5つの理由

1 あなたの代理人である

家をつくるのは建て主であるあなたです。

でも、家づくりを一人ですべて行えるなんていう人はかなりまれなはず。

専門知識と経験をもつ建築家は、家づくりにおいてあなたの代理人になります。

工事関係者から直接話を聞いても「良い・悪い」の判断が難しい専門的な内容も、建築家があなたに代わって交渉や指示を行ってくれますので、安心して家づくりに取り組めます。

2 「設計」とともに重要な「監理」という役割をもつ

家づくりにおける建築家の仕事は大きく分けて二つです。

一つは「設計」作業。

設計図を作成するのはもちろん、施工者である工務店と交渉して、予算内で収まるように工事費を決めることも設計作業のうちです。建て主であるあなたの要望が多いために予算がオーバーしたり、設計条件に矛盾が生じるような場合は、優先順位を一緒に検討し、納得がいくように調整していきます。

もう一つは、設計図通りの材料や構造で工事が行われているかをチェックし、問題があれば手直しを指示する「監理」という仕事です。

あなたと建築家が共有してきた「わが家への思い」を現場の大工や職人に伝える役割もあります。

これは設計から監理まで一貫してかかわる建築家だからこそ可能なことです。

3 設計料を明確に提示

「設計料って本当に必要なの？」と感じる人もいるかもしれませんが、設計料がかかっていない家はありません。むしろ、設計料がかからないような設計をしているのなら、それはプロの仕事とは言えず、疑いをもつべき。

ハウスメーカーや工務店との家づくりで「設計料がかかりません」というのは安さを強調するための営業トークで、多くの場合、工事費に含めて計上されています。

法律で設計に関する契約を義務化し、あいまいになっている設計料を明確化しようという動きもあります。すでに、一定面積（300㎡）以上の住宅では義務化が始まっています。

監理もしっかり！
週1～2回
現場も見ます！
設計・監理料は工事費の10%です
工事費に紛れ込ませよう
設計料0円

4 あなたの家だけで完結するお金の流れ

建築家とつくる家では、建て主であるあなたの支払ったお金があなたの家のためだけに使われます。

「え？　当たり前じゃないの」とお思いでしょうか。

しかし、大手ハウスメーカーでは支払ったお金の一部が、営業マンの給料、CMなどの広告宣伝費、住宅展示場の維持費などに充てられています。

「建築家に設計を頼むとコストが高くなる」というのは、誤った認識。

建築家は総予算を踏まえながら家づくりにかかるコストを管理します。

同じ金額をかけて家をつくるなら、どちらがよりよい住宅になるかは明らかですね。

建築家とつくる家
100%
Good
広告費
住宅展示場の維持費
営業マンのボーナス
Bad

5 人生を豊かにする

正直なところ、「建築家との家づくり」は大変です。

あなたの家だけのために、何もない0の状態からデザインしていきます。そのため、ハウスメーカーを利用して、ある程度用意されたカタログから組み合わせを選んで家を建てる方法よりも、時間も労力もかかります。

建築家が「わたしたちと家をつくる建て主は、時間をかけて考え、生活を大切にするすごい人たち」と言うほどです。大変な家づくりを成し遂げたという経験は大きな財産となるでしょう。

自分の家について考えることは、自分の、そして家族の生活を考えること。時間をかけて、自分と向き合い完成したわが家での生活を通じて、人生はきっとより豊かなものになるはずです。

がんばってよかった!!

建築家とつくる家づくりの流れ

気になるスケジュールとお金の支払いタイミング

さあ、建築家との家づくりを始めましょう！
そこで気になるのは、かかる「時間」と「お金」。
せっかくの楽しい家づくりも、流れがわからないと不安なもの。
ここではそんな不安を少しでも解消するために、
家づくりのスケジュールとお金の支払いタイミングをまとめました。
わからないことがあれば、遠慮せずに
心強いパートナーである建築家に相談しましょう。

START

大きな支払いは
建築家に支払う「設計・監理費」
工務店に支払う「工事費」
の2種類
しかし、そのほかにかかる雑費も
ばかにならないので、しっかり計算しましょう

まずは理想の建築家を
みつけましょう

家づくり **0カ月目**（建築家と出会うまで）

1 情報を集めよう

雑誌やインターネットで感性の合いそうな建築家を探してみましょう。
建築家が手掛けた家を見学できるオープンハウスも、設計した空間と建築家の人となりに触れることができるのでお勧めです。

2 建築家に会いに行こう

感性の合いそうな建築家を1～3人に絞り込んだところで、メールや電話でコンタクトを取り、実際に会いに行ってみましょう。
家づくりを楽しむためにも、スケジュールに余裕をもつことをお勧めします。
建築家と住まいや暮らしへの思いを語り合い、価値観が近いと感じられる建築家を一人に絞ります。

［**費用**］ 基本的に初回面談は無料

2′ 土地探し

土地が決まっていない場合は、建築家との土地探しがお勧めです。
一見して難しいと思われる敷地でも、建物のプラン次第では長所や魅力に変えることもできます。また、建築費と土地代をトータルで考える上でも、建築家と一緒に土地を探すことが無理のない家づくりを可能にします。

［**土地代のほかにかかる費用と注意点**］

● **敷地調査費**
正式な測量図がない場合に発生します。広さと状況によりますが5～30万円程度必要。法規によって希望の家が建てられない場合もあるので、土地購入前の調査をお勧めします。

敷地に家が残っている場合

● **解体費**
敷地に既存建物がある場合に発生します。住宅であれば3～5万円／坪（構造による）程度。

● **建物滅失登記費**
建物を取り壊したことを登記所に申請する建物滅失登記が必要です。登録免許税はかからず自分で行うことも可能。土地家屋調査士へ依頼した場合、報酬として3～5万程度かかります。

土地を新しく買う場合

● **仲介手数料**

● **地盤調査費**
地盤調査は必ず行う必要があります（2000年より義務化）。調査費は5～15万円程度。改良の必要がなければ、地盤保証を3万円ほどで付けられます。地盤調査により改良が必要となった場合は、工事の内容次第で50～200万円以上の費用がかかることも。

3 プレゼンテーション

プランを提案してもらいたいと思ったら、条件を伝えてプレゼンテーションしてもらいましょう。
これまでその建築家が設計した家を見せてもらうのもいいでしょう。

〔費用に関する注意点〕

建築家によって、プレゼンテーション前に設計契約を結ぶところ、現地調査をして実費有料で行うところ、簡単なプランのみで無料のところなどいろいろありますので、確認してから依頼しましょう。真剣に取り組んでいるので当然ですが、契約に至らない場合でも実費を請求される場合があります。むやみに何人にも頼むのはやめましょう。

ここからは
じっくりと「家のカタチ」を
決めていきます

1カ月目

4 設計・監理契約

（約1カ月間）

提案された案が気に入ったら、設計・監理契約を結んで、基本設計に進みます。
建築家賠償責任保険に加入しているか、支払い条件や作業の範囲などを確認しておきましょう。また、監理も大事な仕事の一部ですので、どのくらいの頻度で見てもらえるかも確認します。

〔費用〕

● **設計・監理契約手付金**
契約の際には手付金として設計監理費の10～20%程度を支払うことが多いです。

● **ローン申込書類の代金**

● **つなぎ融資申込費用**
住宅ローンが実行されるのは住宅が完成してからです。しかし、支払いは完成前から発生します……。その間をつなぐのが、つなぎ融資です。利用する場合は、つなぎ融資の利息、ローン事務手数料などが必要。通常は住宅ローンでまかなわれます。

▶チェックポイント

支払い時期を確認しよう！

設計・監理契約を結ぶ時期は、プラン提案前・プラン提案後・基本設計後など、建築家により異なります。一般的な設計監理費の目安は、本体工事費と別途工事費合計額の10～15%程度。最低設計料を設定しているところもあります。これを3～6回程度に分けて支払うのが一般的で、契約時に支払い時期も決めます。

2カ月目

5 基本設計

（約2カ月間）

建物の骨格を決めていきます。希望や疑問点は建築家にすべて伝えましょう。図面だけでは理解できないことも多いので、模型やスケッチ、事例写真などを提示してもらって、できるだけ具体的に、住まいと暮らしのイメージを共有していきます。建築家は、建て主の希望を聞きつつ、現実的な予算、法的な制限の確認、敷地や環境への配慮、構造・規模などを検討し、実際に建てるにはどうしたらよいかを精査していきます。

〔費用〕

● **設計・監理費**（2回目）
基本設計完了時、設計監理費のうち30%程度を支払います。
※上記は一例。設計事務所により異なる

家づくり

約3カ月目

6 実施設計
（1─3カ月間）

プランと外観が決まったら、実施設計に進みます。
建築家は工事に必要な図面を描いていきます。この時期に、使用する素材の選定、照明器具の種類、キッチンの詳細など、できるだけ実物を見ながら詰めていきます。

［費用］

● **設計・監理費**（3回目）
実施設計が終わったところで、設計監理費のうち30～40％程度を支払います。
※上記は一例。設計事務所により異なる

4─6カ月目

7 見積もり・工務店選定
（2─3週間）

図面と素材がひと通り決まったら、設計者から工務店へ工事の見積もりを依頼します。
信頼できる工務店を建築家から特命で紹介される場合と、3社程度の相見積もりで決める場合があります。特命の場合は、設計者との信頼関係により、安定した施工とサービスが得られるところがメリットです。相見積もりの場合は、値段だけで決めるのではなく、技術力・メンテナンス・相性など、総合的に見ることが大事です。
決定権はあくまで建て主であるあなたにあります。

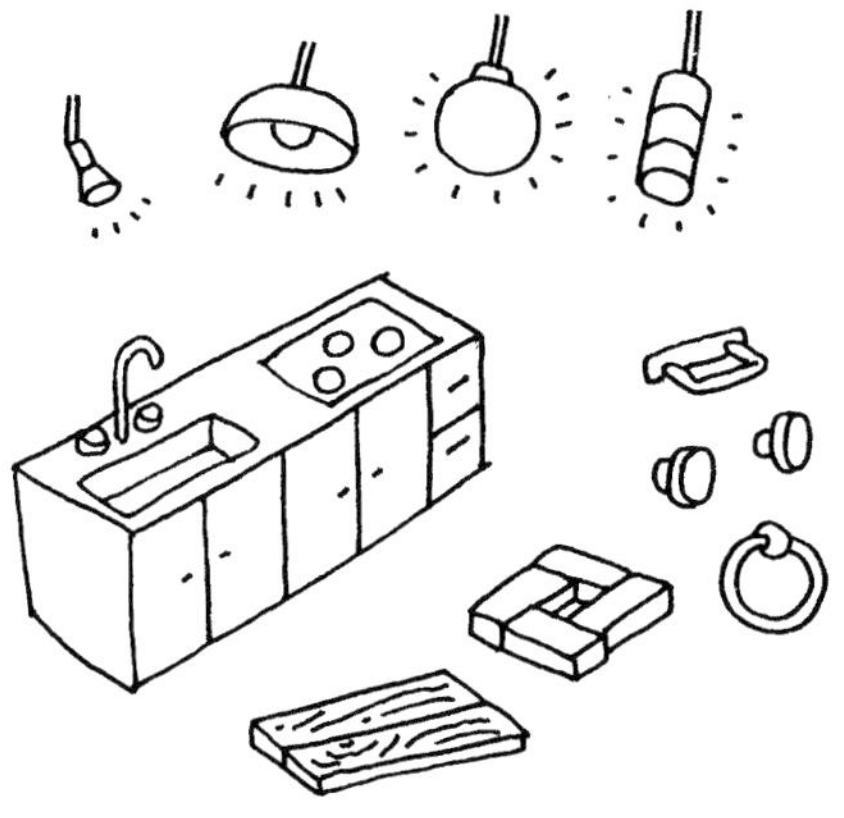

約6カ月目

8 建築確認申請
（1─2週間）

建て主は確認申請書を役所もしくは民間の建築確認検査機関に提出し、建築物が建築基準法・条例などに適合しているか確認を受けなければなりません。通常は専門家である建築家が代行します。
確認申請の時期は、見積もりの前、見積もりの間など、状況によって違います。通常は1～2週間ほどで下りますが、長期優良住宅の場合や建物の構造によってはさらにかかるので、スケジュールに気をつけましょう。

［費用］

● **確認・完了検査申請費・作業料**
確認・完了検査申請の実費は申請を出す機関、建物の面積、構造によって異なります。建築家が申請に必要な設計図書を作成し申請するため、確認審査申請と竣工時の完了検査申請の実費（印紙代など）＋建築家の作業料も含め、20～30万円程度。設計料に含んでいる建築家もおり、支払いの時期は確認が必要です。

9 工事契約

工事金額が決まり、確認申請が下りると、工事契約をして、いよいよ工事が始まります。

［費用］

● **工事費の支払い**（1回目）
一般的に工事費は、出来高払いにして、4回程度に分けて支払います。契約時に着手金10％（1回目）を支払います。
※上記は一例。契約時に支払いのタイミングを確認

● **印紙代**
工事請負契約や売買契約にかかる税金を収入印紙で支払います。ともに1000万円以上5000万円以下の場合、2万円（2018年3月31日までは軽減措置により半額）。

● **長期優良住宅認定の申請費・作業料**
長期優良住宅の認定を受ける場合には、申請料の実費に加えて、建築家による設計図書の作成作業料が発生するほか、工事費の坪単価も上がるため、通常よりも費用がかかります。申請を考えている場合は建築家に相談しましょう。

● **住宅瑕疵担保責任保険費**
住宅瑕疵担保履行法により義務化（10年間）。万が一工事事業者が倒産しても上限2000万円までの補修費用の支払いが受けられます。
工事業者が申請および支払いを行いますが、最終的には経費または直接項目で建て主に請求され、間接的に支払うことになります。面積や保険会社との契約の仕方により、費用には5～10万円程度と幅があります。

いよいよ 家を建てていきます

10 地鎮祭

地鎮祭は、工事を始める前に土地をお祓いし、工事の無事を祈る儀式。どんな形にせよ、着工前には行うことが多いです。工務店が詳しく準備の内容を教えてくれますので相談してみましょう。

〔費用〕

● **地鎮祭費用**
地域によって異なりますが、一般的には神主への謝礼3万、供え物に1～2万程度。

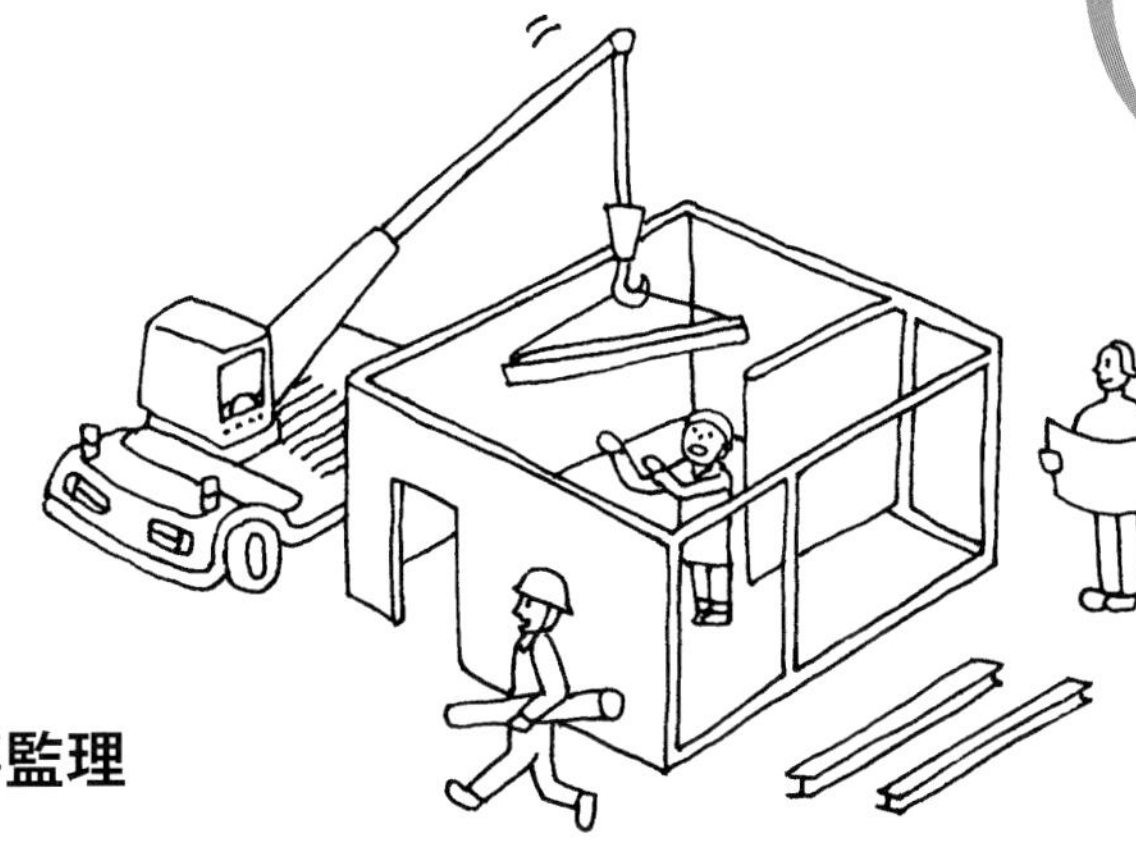

11 着工・工事監理

（4–6カ月間）

工事監理とは、図面通り間違いなく工事が行われているかを現場で確認することです。
不適切な施工があれば、建築家は建て主の代理人として工務店に改善を求めます。工事期間中は基礎の配筋検査や上棟後の金物検査などの主要な検査を行うほか、週1回程度は現場に行き、施工状況を確認します。
建て主も、可能な範囲で家族で家の様子を見に行き、写真を撮っておくのがお勧めです。安心と同時に、いい思い出を得ることができます。家が立体的になっていくなかで、「こうしたほうがよかったかな」と思うことがあったら、建築家に相談してみてください。建築家は全体を把握していますので、その変更が他工事に影響しないかも含めて、要望に応える最善の策を提示してくれるでしょう。

〔費用〕

住宅ローンの中間金交付が実行される段階に合わせて、工事費や設計・監理費の中間金を支払います。

● **工事費の支払い**（2回目）
着工時に30％程度支払います。※上記は一例。契約時に支払いのタイミングを確認

● **水道加入金**（メーター取得費用）
水道を使用するための権利金。各自治体によって料金は異なります。約20万円程度必要です。

● **近隣へのあいさつ費用**
手土産代として1軒あたり500～1,000円程度。

● **現場へのお茶菓子代**
週1回程度、現場の様子を見に行く際に、無理のない範囲での飲み物などの差し入れでOK。それよりも、積極的に大工さんへ声をかけることで、張り合いになります。

12 上棟式

上棟式は、棟木を上げ終わった当日に行う儀式。どうするか悩む場合は、建築家に相談してみましょう。

〔費用〕

● **設計・監理費**（4回目）
設計監理費のうち10～20%程度を支払います。
※上記は一例。設計事務所により異なる

● **上棟式費用**
祝儀代・酒肴代などで10～30万円程度ですが、地域性にもよります。行わない人も増えています。

家づくり
10−12カ月目

13 完了検査

工事が終わると、検査機関や役所の完了検査を受けます。もし指摘事項があるような場合は、きちんと補正の工事をしてもらって引き渡しとなります。

14 完成（竣工）・引き渡し

完成するといよいよ引き渡しです。引き渡し書類を受け取り、設備機器の説明などを受けます。電話やインターネット引き込み工事など、建て主による手配が必要なことを確認しておくとよいでしょう。また、家具は完成前にすべて購入せず、住みながら広さと使い勝手を確認して揃えると失敗がありません。

［費用］

住宅ローンが最終的に実行される段階に合わせて工事費や設計料の残金を支払います。

- **設計・監理費**（5回目・最後の支払い）
引渡し時に設計監理費のうち、最終の支払い10％程度。
※上記は一例。設計事務所により異なる
- **工事費の支払い**（3回目＋α）
完成時に工事費3回目の支払い30〜50％程度。引渡し時に工事費最終の支払い10％程度＋追加工事分の支払いをします。
- **建物表題登記費用**
新築した建物について登記する建物表題登記が必要です。登録免許税はかかりませんが、土地家屋調査士へ依頼した場合、報酬として5〜10万円程度必要です。
- **所有権保存登記費用**
その建物の所有権が誰のものかを示すために所有権保存登記が必要です。登録免許税は建物の評価額の20／1000。手続きを代行する司法書士への報酬は4〜5万円程度です。
- **ローン契約**
- **火災保険料**
約2000万円の耐火住宅の場合、年1万円くらいから。ローン借り入れ年数に応じます。
- **地震保険料**
多くの金融機関で加入は任意。控除額については税務署に確認しましょう。

▶チェックポイント

保険会社を検討しよう！

かかる諸費用は多数あり保険会社によって異なります。金利だけでなく、諸費用も含めて保険会社を検討しましょう。
また、金利・団信保険料が借りた金額に上乗せされるので、ローン金額はなるべく抑えて現金で支払える分は支払う方がよいでしょう。ボーナス払いや、定期的な保険の見直しと乗り換えもお勧めです。

［ローン契約のための費用］

抵当権設定登記費用
金融機関からローンを受ける際に抵当権設定登記が必要です。登録免許税は融資金額の0.4％（長期優良住宅以外）。司法書士へ依頼した場合、借り入れ額により異なりますが報酬は5〜10万円程度です。

融資事務手数料
融資を申し込む際の手数料として金融機関に支払う費用で、金融機関により異なります。通常は融資金額から差し引かれます。

印紙税
ローン契約にかかる税金。借り入れ額によって金額は異なります。例えば1000万円超5000万円以下のローン契約なら印紙税は2万円。

ローン保証料
連帯保証人の代わりに保証会社を利用する場合に、保証会社に対して支払う費用で、ほとんどの人が保証会社を利用します。

団体信用生命保険料（団信）
加入が必要。加入していると、住宅ローンの返済途中で死亡、高度障害になった場合に、本人に代わって生命保険会社が住宅ローン残高を支払ってくれます。通常は金利に保険料が含まれています。

15 入居

［費用］

- **家具・備品購入費**
- **引越し代**
- **不動産所得税**
不動産を取得した場合に、新築1年以内に課される税金で評価額の4％。軽減措置については税務署で確認が必要です。

入居後にかかる費用

- **固定資産税**
毎年1月1日時点の土地と建物の所有者に対して課税されます。
土地の購入価格×0.6×1.4％が概算。
- **都市計画税**
毎年1月1日時点の、都市計画で指定されている市街化区域内の土地と建物の所有者に対して課税されます。
- **固定資産税の清算金**
（土地を譲り受けた場合）前の所有者に支払います。

16 アフターケア

引渡し後も、メンテナンスを通して建築家や工務店との付き合いは続きます。住まいは暮らしとともに変化していきますから、手入れのことや増改築の相談など、小さなことでも気軽に建築家に相談してみましょう。

To be Continued

岐阜県大垣市船町
山岸家。蔵の土台部分を
かさ上げしている

自然災害に向き合う東海地方の住まい

溝口正人
名古屋市立大学大学院
芸術工学研究科教授

東西南北に長い弓なりの国土をもつ日本は、地方によって気候も文化も大きく違い、家づくりも沖縄と北海道ではまったく異なります。それでは、東海地方ならではの家づくりとはどんなものでしょうか。東海地方の民家を数多く調査している溝口正人さんに、東海の家づくりのヒントを教えてもらいました。

家づくりのヒント

東海地方の住まいの特徴は？という問いかけに、具体的なイメージをもって明確に答えられる人は少ないのではないでしょうか。確かに岐阜県北部と富山県南部の山間部に残る合掌造りの集落は世界遺産としてその存在が知られています。雪深い地域の民家の特徴である太い柱は、大きな茅葺き屋根の外観とともに訪れる人々に合掌造りを印象づけるものといえるでしょう。

しかし養蚕とそれを支える大家族制を反映した合掌造りの大きな住まいは、核家族を基本とした現代の住まいとはかけ離れていて、現代における住まいづくりの参考となる部分は、思いのほか少ないようです。

東海地方には、合掌造り以外にも古民家が多く残ります。ただしそれらは、合掌造りと違って規模もさほど大きくなく、外見や間取りもほかの地域と大きく変わりません。土地も肥沃で生産力も高く、分家も進んで家族の規模がさほど大きくはなかったことがその理由といえそうです。

ところが自然災害とのかかわりからみると、このような東海地方の住まいから、今日につながる家づくりのヒントが見えてきます。

多様な災害の証人として

日本における自然災害では地震と台風が双璧といえるでしょう。

地震は、保険にもうたわれるように、現在も家をつくる上で忘れることのできない災害です。特に東海・東南海・南海の三連動地震（南海トラフ地震）の発生が危惧されている東海四県は、昔から地震の被害が多い地域です。1854（嘉永7）年12月の安政東海地震、近代に入って1891（明治24）年10月の濃尾地震、1944（昭和19）年12月の東南海地震、1945（昭和20）年1月の三河地震と、数多くの地震に見舞われてきました。

また近年頻発する巨大台風の被害は顕著ですが、1959（昭和34）年に東海地方を直撃した伊勢湾台風は、暴風雨による建物の損壊が甚大でした。倒壊した建物も多く、高潮により伊勢湾岸地域が浸水して貯木場から流出した木材が多くの被害をもたらしたことでも知られています。

そして、これらの災害を経て今も残る東海地方の古民家は、この地方の住まいがどのような被害を受け、どのようにそれを切り抜けてきたかを示す証人でもあるのです。

震災から学ぶ

近代都市に甚大な被害をもたらした地震として濃尾地震は有名で、震災後に建築への耐震補強の議論が本格化しました。ただし、被災状況の詳細は記録が少なく明らかでありません。三河地震の場合は、戦時の報道統制下にあって被害がはっきりしない。なにより震災報道で目にする民家は、甚大な被害を伝える瀕死の事例ばかり。倒壊しなかった建物がどのような状態で、以後どうなったかについて、今まではあまり関心が払われてきませんでした。

しかし調査をしてみると、地震によって被害を受けつつも残った建物も実は多いことに気付きます。建物の傾斜、柱の接合部の破損に震災の爪痕が確認できます。また震災を契機に寄り添うように追加された添え柱や、柱と柱の間に入れる補強の筋交い、横からの力に踏ん張る耐震壁の新設など、耐震補強を施している事例も多い。このような補強は近代に忽然と現れたものではなく、多くの被災から学んできた大工による伝統構法に基づくものなのです。

溝口正人
みぞぐち まさと

1960年三重県生まれ。
1984年名古屋大学大学院工学研究科修了。
同年清水建設設計部。名古屋大学助手を経て
現在、名古屋市立大学大学院芸術工学研究科教授。

もちろんこれらの補強のすべてが適切であるともいえませんが、実際にどこが弱いのか、そしてどのように補強すれば強くなるのか、経験をもとにした工夫の結果です。東海地方の古民家にみる耐震補強の事例の豊富さはほかの地域に比べて群を抜いています。

調査では、地震を経験して柱や梁などの接合部が緩んでいる事例に出会います。ガタがくることは承知の上での構造になっている。東海地方の祭礼文化を特徴づける山車は、ルーズな架構で祭りのときにかかる横方向の荷重を受け流します。まさにその山車のように、ギシギシ揺れながら地震に耐えたということでしょう。雪の重さに堪える頑強な北国の骨組みとは異なる仕組みなのです。

現代の工学は、絶対に壊れない強固さを目指したマッチョな建物をよしとしますが、それとは異なる、力を受け流す骨組みをよしとする考えで、かつての建物がつくられていることがわかります。「柳に雪折れなし」の構造です。伝統構法を盲目的に礼賛するのも危険ですが、濃尾地震から１２５年を経て、生き残ってきた住まいから知るべき知恵は、まだまだ残されているように思います。

風水害をやり過ごす

木曽三川が流入する濃尾平野は、低湿地帯が広がり河川の氾濫による水害が繰り返し起こってきた地域です。被害の程度の差はあるものの、現代でも被災頻度は地震よりは確実に高い。また浸水の被害は長期間に及んで、建物は残っても生活空間としては機能しなくなる。そこで水害が起こることを前提とした対処法が必要となりました。そのため、木曽三川流域では、土地をかさ上げした高台に建てる避難用の建物「水屋《みずや》」が普及します。この地方を特徴づける専用の水害対策施設です。

水屋の建設は、高台をつくる経済的負担に耐えるだけの裕福な層に限定されるものであったようですが、単純に土蔵などの土台部分をかさ上げした事例から、地域の避難所として大きな高台をつくって複数の建物を建てた庄屋の屋敷の事例まで、規模や棟数はさまざまです。水屋を築けない住民の避難用として、庄屋の所有地や神社の境内地に公的な高台である「助命壇」が建設されたりもします。また平時の利用を考えて主屋から渡り廊下でつなぎ、土蔵や物置、座敷として建てることもあります。現存遺構をみても建築的に極めて多様です。

木曽三川流域では、繰り返し洪水に見舞われる中で、何を守り、何を捨てるかの判断を迫られてきました。その建築的な解のひとつが水屋といえるのですが、現代では眺望を楽しむ施設としてその価値が見直され、離れ座敷として再整備された事例もあります。近年のすさまじい集中豪雨は、無秩序に広がった都市域の弱点をさらすかのような浸水被害をもたらしています。現代版の水屋も考えられてよさそうです。

愛知県名古屋市有松
小屋組筋交いの補強

災害を生き抜く知恵

住宅さえも消費財となったかに思われる現代社会で、50年、１００年先を見据えた家づくりを選択するべきか悩むところです。少子化による人口減少の一方で都市への人口集中が進む中、家族代々が同じ家に住み続けることも困難になりつつあります。しかしスクラップ・アンド・ビルドを前提とした短命な家づくりからは、豊かな生活文化は育まれないでしょう。次世代に受け継がれるような家こそが、必要とされています。

一方で近年、東日本大震災をはじめとして、続けざまに甚大な自然災害が日本列島を襲っています。今後も日本全国で繰り返し生じる自然災害にどのように臨んでいくか。東日本大震災や熊本の震災を経て、現代の科学に基づく安全神話にも疑問符がつきました。そのような中で、災害に備えるべきチカラを表す「レジリエンス」という言葉に注目が集まっています。「困難な状況にも、しなやかに適応して生き延びる力」といった意味ですが、まさに東海地方の家づくりは、この「レジリエンス」を身につけることに注意が払われてきたのだといえるでしょう。

時には自然災害を受けることを前提に、少しばかり災害に対する力を向上させ、多少の被害を受けながらもどうにかやり過ごす。あるいは再生が容易な形を選択して建築的な寿命を延ばす。そんな受け継がれていく伝統建築のような家づくりもあってよいと、東海地方の民家から感じています。

満点の家をつくりたい

Create an Ideal House with an Architect in Tokai 3

生き生きと「住む」
すべてにやさしい「本物の家」

case 1

酒井信吾建築設計事務所

脇邸

- 家族構成……夫婦
- 所在地……静岡市清水区

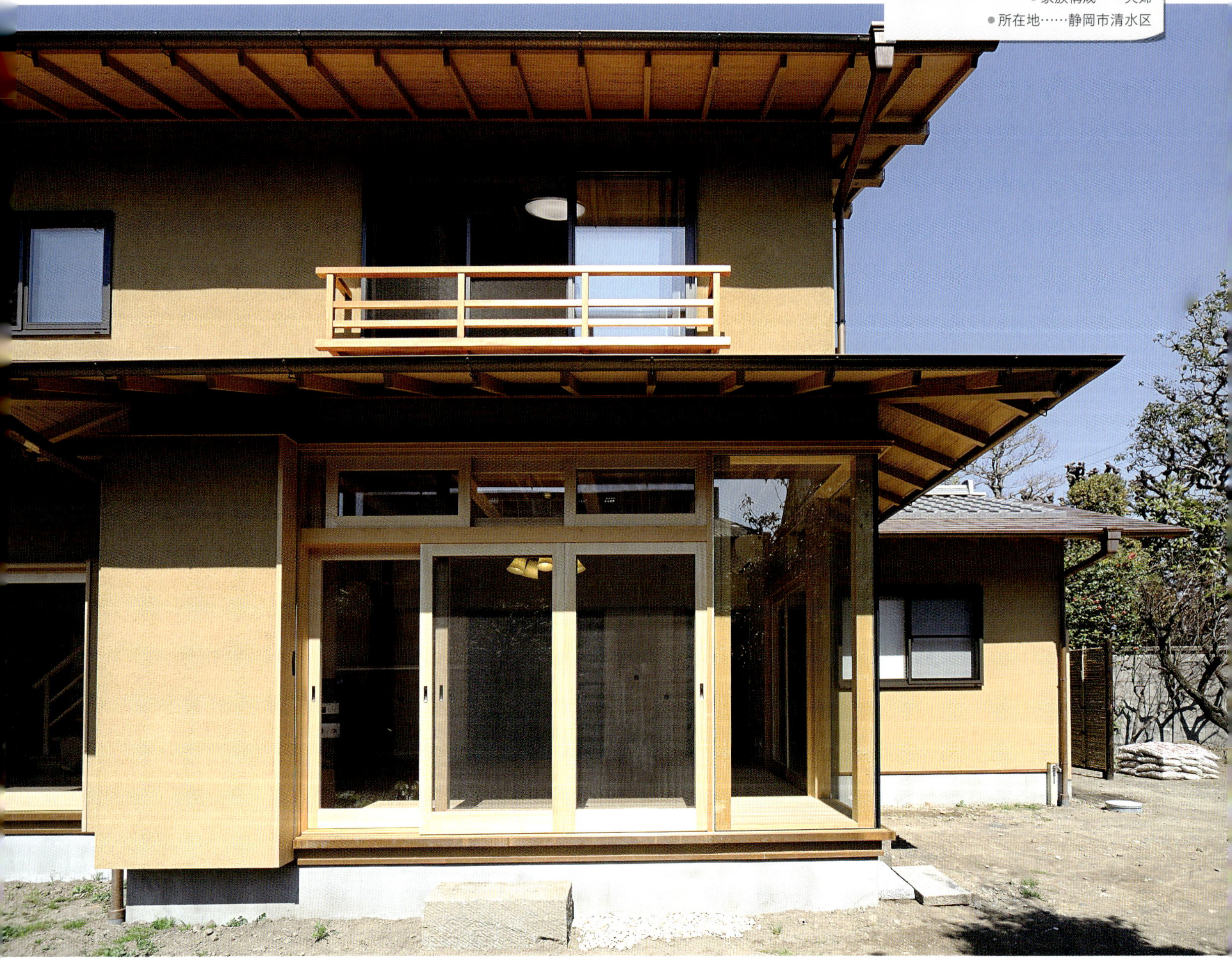

外観南面 ❖（撮影：大野写真研究室 ❖）

「生きる」ということは、ある意味「住む」ということである。その「住む」ということに関して人はどれほどの思いを込めて、日々暮らしているのだろうか。長年住み慣れたわが家も、子どもたちが自立し夫婦だけの「住みか」となったとき、自分たちの今の生活に合った「住まい」が欲しいと思った。幸い母屋の隣に空きスペースもあり、母屋の脇に「離れ」を建てる計画をした。その「離れ」には、日常生活から少しだけ離れた暮らしがあり、「脇邸」と呼んでいる。さて、設計は以前より親交があり、「住まい」の考え方、暮らし方、また創り方にも共感を覚えていた酒井氏に依頼することとした。

いざ、設計を始めると、お互いの主張、思い、意見の相違等で、ときには論争となることもあったが、最終的には大変満足のいく「住まい」となった。今では、そのやりとりも良い思い出である。

「本物」にこだわったので、いろいろ驚きの発見もあった。例えば、今や、日本の畳はほとんどが中国産であること、また、合板や石膏ボードを使わないで家を建てることは、非常に難易度が高いということなど…。

脇邸では、2階の趣味室に籠り、鉄道模型三昧の日もある…。さて、住み心地であるが、一言でいうと「非常に快適である」。何が快適かというと、抽象的な言い方であるが「部屋の空気が違う」「すべてがやさしい」ということであろうか。

（K・Kさん）

建築家のプロフィール

酒井信吾《さかい しんご》

静岡県出身／青山学院大学卒業後、早稲田大学芸術学校建築科卒／清水建設設計部を経て、1995年高木滋生建築設計事務所(静岡市)入所／2005年独立／一級建築士、JIA(日本建築家協会)正会員、静岡建築士会正会員／(一社)エコハウス研究会認定エコハウスマイスター／2015年ウッドデザイン賞受賞

掲載作品へのコメント

落ち着いた感じの旧お屋敷町に建つこの住宅は、その和風の佇まいが、よく周辺の住宅に溶け込んでいる。さて、その計画時に、建て主から出された要望は、今の自分たちの日常生活に合った、少しだけ非日常の生活の場を、自然素材で創る和モダンの「本物の家」であった。

●酒井信吾建築設計事務所
静岡市葵区呉服町2-7-10　育英会ビル3F
(アクセス:JR静岡駅から徒歩5分)
TEL:054-250-2030　TEL(携帯):090-4269-0638
E-mail:sker_sakai@yahoo.co.jp　URL:http://www.sakai-archi.net
業務時間(休業日)／9:00−18:00(日・祝)
設計・監理料／総工事費の7−10%(住宅の場合)
住宅以外の設計／福祉施設、教育施設、保育園、事務所ビル、集合住宅、クリニック、倉庫 等

建築家からのメッセージ

住宅設計で大切にしていること

建て主との会話のなかで、その「要望」と「ひととなり」を知ること、そして「本当の本物の家」を創ることを心掛けています。

家を建てる人へのアドバイス

「本物の家」を創りましょう。石油化学製品でできた、いつまでも「ツルツルピカピカ」の家は、少なくとも、「本物の家」ではありません。

私はこんな人です

好きな場所……海の見える丘、ベネチィア、バルセロナ、カイロ、イスタンブール、NY、バンコク、奈良

好きな建築……サグラダ・ファミリア、ロンシャンの教会、落水荘、キンベル美術館、スパイラル、名護市庁舎、土門拳記念館、法隆寺、待庵

好きな音楽……クラシック、ジャズ、ビートルズ、サザン、グリーン、J-POP

好きな画家……モネ、ゴッホ、ゴーギャン、ジャガール、マティス、ミロ、広重、北斎、東山魁夷

座右の銘……吾唯知足、日日是好日、一期一会

趣味・特技……音楽、読書、テニス、ジョギング、バイク(遠乗り)、全国美術館及び面白建築巡り

尊敬する人物……坂本龍馬、本田宗一郎、ダ・ヴィンチ、ガウディ、コルビジェ、ライト、アインシュタイン

建築家をめざすきっかけ……ライトの自由学園に出会って(偶然、自由学園の近くに住んでいたため)

上／リビングより庭を望む
右中／リビングの階段廻り
左中／階段廻り吹き抜け
右下／浴室
左下／2階趣味室 ❖
(ステンドグラス:
ステンドグラス工房 かわもと)

外観南東面

設計データ

- 敷地面積…575.00m^2
- 延床面積…128.60m^2
- 用途地域…近隣商業地域
- 構造・規模…木造・地上2F
- 設計期間…2012年3月〜2012年12月
- 工事期間…2013年7月〜2014年3月
- 施工会社…匠工務店

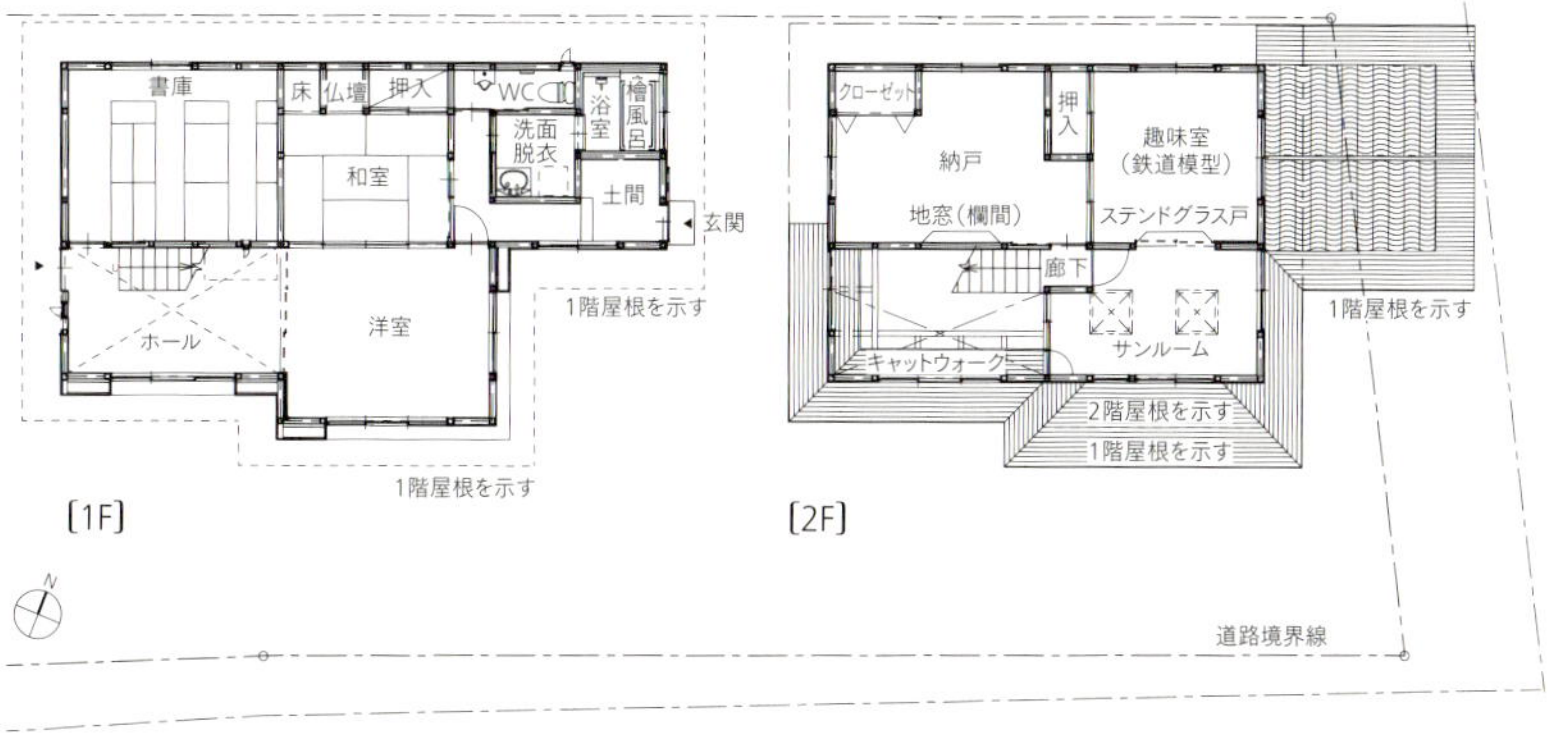

心地よい環境を目指した家づくり

case 2

㈱風間建築工房

快適環境の家

- 家族構成……夫婦＋子ども3人
- 所在地……静岡県伊豆の国市

ご家族の要望で深みのある青を基調とした外観。軒を深く構え風雨から建物を守ります（以下すべて撮影：久保田写真事務所）

家族それぞれにプライベート空間が欲しいな、というところから私たちの家づくりがスタートしました。とは言うものの、どうしていいのかまったくわからず、相談に乗ってくれたのが幼少からお付き合いのあった風間さんで、親身になって私たちのイメージや考えを具体化し、形にして提案していただきました。

私たちがとても感心したのは、当たり前のことかもしれませんが、作業や素材の一つひとつに意味があり、塗料などについても細部にわたり吟味されている、ということでした。また、私たちが嬉しかったことは、実際に建築をしてくださる大工さんの仕事が、とても丁寧だったことです。建設中の家の中はいつも整頓されていました。真面目な人柄が、設計、施工、完成まで行き届いていました。

私たちのお気に入りの場所は、彩光窓があり、吹き抜けのある明るいリビング、また、二階の書斎です。南に向いた明るい子ども部屋は、風通しもよく、最高の環境になりました。

私たちは、家づくりを通じ、家は、完成時が出発でもあり、そこから多くの楽しみが生まれていくことも学びました。快適な環境の整った家での家族の成長が楽しみです。

（津田さん）

建築家のプロフィール

風間健一《かざま けんいち》

1976年生まれ／静岡県伊豆の国市出身／国立豊田工業高等専門学校建築学科卒業後、アトリエ系設計事務所に約10年間勤務／2006年独立後、地元を中心に住宅専門の設計を行う。手がけてきた住宅は100棟以上

掲載作品へのコメント

敷地西側に続く自然豊かな里山とのつながりを取り込んだ室内空間をコンセプトとし、プライベートな空間を確保しつつ、育ち盛りの子どもたちを中心に家族がいきいきと暮らせることをテーマに考えました。家の性能も軸組金物工法と高気密高断熱工法により高い安全性と快適性を確保しています。

●㈱風間建築工房
静岡県伊豆の国市長岡361-16（アクセス：伊豆箱根鉄道駿豆線伊豆長岡駅［市内循環バス福祉園前］から徒歩2分）
TEL：055-948-3330　FAX：055-948-3303
E-mail：k@kazaken.jp
URL：http://www.kazaken.net/
業務時間（休業日）／ 9：00－18：00（土日も対応可能）
設計・監理料／総工事費の8％程度
住宅以外の設計／店舗設計

建築家からのメッセージ

住宅設計で大切にしていること

建築主の要望を第一に考えます。たくさんの要望を最大限に受け止め、住宅設計の専門家として、さまざまな視点から意見とアドバイスを交わします。建築主と共に満足できる家を創ります。

家を建てる人へのアドバイス

はじめての家づくりは選ぶことも決めることもあり、いろいろと悩む場面が多いと思います。まずは専門家に気軽に相談することが成功への近道となります。丁寧かつ親切にご相談に応じます。

私はこんな人です

好きな場所………豊かな自然や古い町並み
好きな建築………シンプルで自然の素材を肌で感じることができる心地よい住宅
好きな音楽………全く詳しくないジャズ
好きな食べ物……パスタ・狭小自庭でのBBQ
愛読書……………旅行雑誌
趣味・特技………キャンプ・折りたたみ自転車ツーリング
建築家をめざすきっかけ………実家が大工を営んでおり幼少時代からのモノづくり

リビングとダイニング：庭とのつながりを配慮し、吹抜けを介して2階とも通じる家族の居場所

2階書斎コーナー：家族のみんなが自由に使えるところ。西側里山の景色も眺められる

［2F］

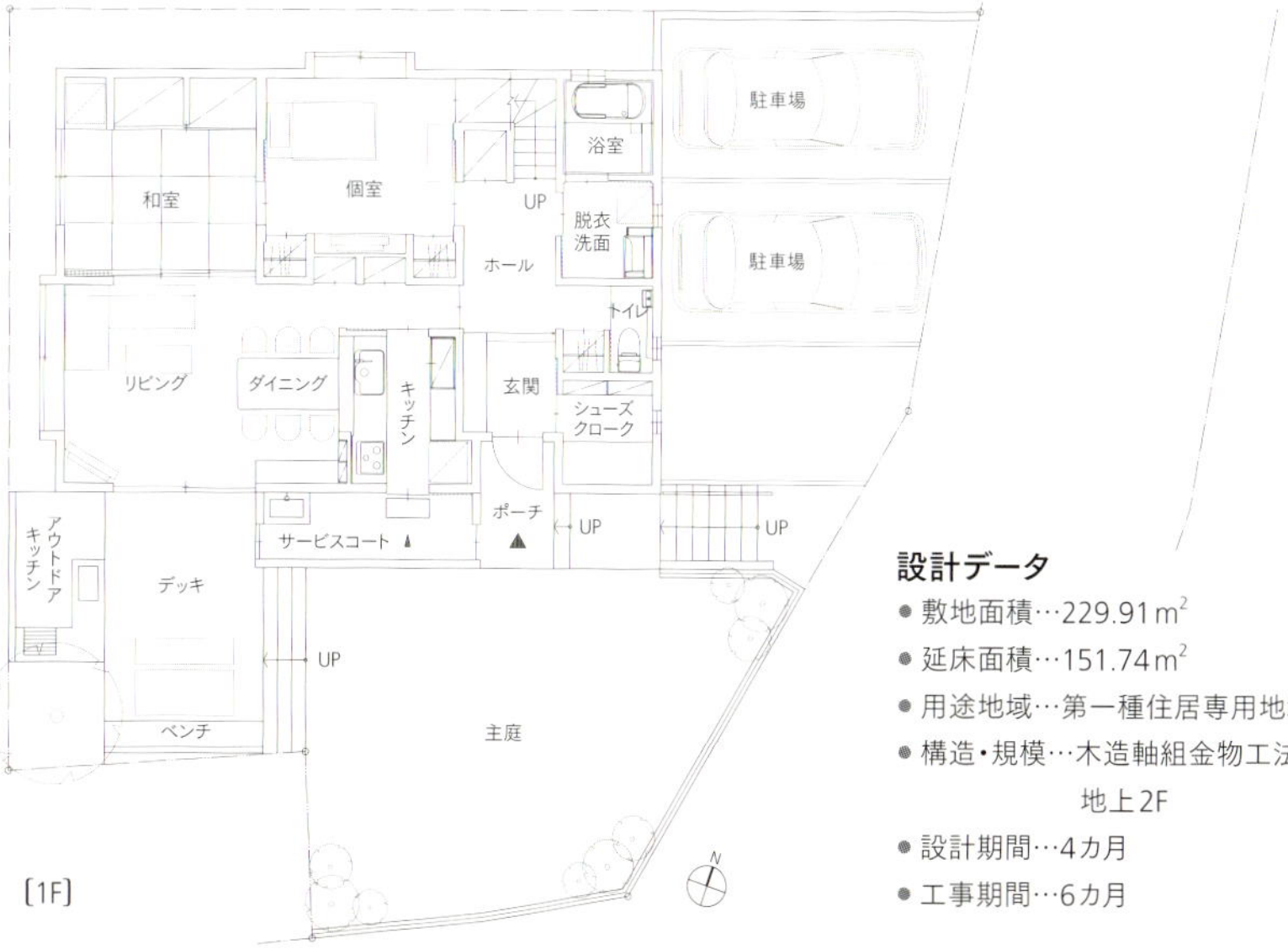

［1F］

設計データ

- 敷地面積…229.91 m^2
- 延床面積…151.74 m^2
- 用途地域…第一種住居専用地域
- 構造・規模…木造軸組金物工法・地上2F
- 設計期間…4カ月
- 工事期間…6カ月

三和土の土間と
薪ストーブのある暮らし

case 3

清水建築工房一級建築士事務所

せがい造りの家

●家族構成……夫婦
●所在地……静岡県菊川市

上／外観。「せがい」造り　下／三和土の叩き作業。最後に塩をまき清めて完成

リタイヤを契機に、故郷に帰ろうと考えていました。敷地は故郷とは少し離れていましたが、生まれ育った田舎の光景を思い出させる風景も気に入り、第二の家づくりをスタートさせました。

東京ではマンション暮らしだったため、庭のある暮らしをしたいと考えていました。庭とのつながりや薪ストーブにあこがれていたこともあって、土間のある、それから通風や日当たりを最優先に、コンパクトな暮らしを希望しました。

土間のある居間は、通風、日当たりもよく、一番好きな場所です。2階の書斎コーナーは、窓からの眺望も素晴らしく、使い勝手も良く、吹き抜けのあるオープンなスペースで気に入っています。

薦められた土壁や三和土の土間は、断熱効果も良く、梅雨時でも室内の空気がカラッとしているし、真夏に外出先から帰宅しても、むっとする熱気もなく、汗ばんだ肌でも不快感がありません。マンション暮らしでは結露に悩まされましたが、ここでは窓ガラスの結露もありません。桧の床は、フローリングのような冷たさがなく、少しオーバーですが、真冬でも素足で生活できるって感じです。（岩瀬和彦・晴子ご夫妻）

建築家のプロフィール

清水國雄《しみず くにお》
1958年生まれ／静岡県出身

掲載作品へのコメント

地元の木を葉枯らしし、組んで建ち上げ、竹小舞を掻き、荒壁で葺き、色土と漆喰で仕上げ、深い軒、吹き抜け、土壁、三和土の土間で立体通風、日射遮蔽を取得、蓄熱と蓄冷による温熱環境を整える。

「せがい」は架構の可視化と陰影のあるファサードに一役かっている。

●清水建築工房一級建築士事務所
静岡県掛川市逆川473-1
（アクセス：JR東海掛川駅）
TEL：0537-27-0576　FAX：0537-27-0576
E-mail：info@shimizu-arc.jp
業務時間（休業日）／8：00−18：00（日・祝）
設計・監理料／総工事費の8−10％
住宅以外の設計／福祉施設・幼稚園

建築家からのメッセージ

住宅設計で大切にしていること

構造体と材料選択と快適性。安定した構造体として木の特性を活かした構法。安全でありゴミ（産廃）にならない自然素材を選択。通風と日当たり、輻射熱を主体とした温熱環境。

家を建てる人へのアドバイス

自宅の完成は始まりです。家をつくる過程で築かれた信頼関係が、瑕疵担保保証に勝る最高の保証です。だから、職人たちと友達になり、完成時には喜びを分かち合おう。

私はこんな人です

好きな場所………古代の磐座などの祭司場
好きな建築………気になる建築（浄土寺浄土堂、島原角屋、高山日下部家、ルイス・カーンの住宅）
好きな画家………長谷川等伯
好きな映画………忘れられない映画『星にのばされたザイル』
座右の銘…………不易流行
趣味・特技………竹小舞掻き、山仕事、ジムトレーニング
尊敬する人物……行基、重源、加藤文太郎
ひとこと……………木材は建て主が直接購入（設計者がサポート）、竹の伐採、小舞掻き、荒壁塗り、三和土の叩きは建て主参加です。掛川の風景を創る会を主宰＝掛川の風景を守り・育てるという目標と、フェアな精神を共有する職人＋設計者からなる家づくりの会、山から始まる家づくり「時ノ寿木組みの家」を提案しています。

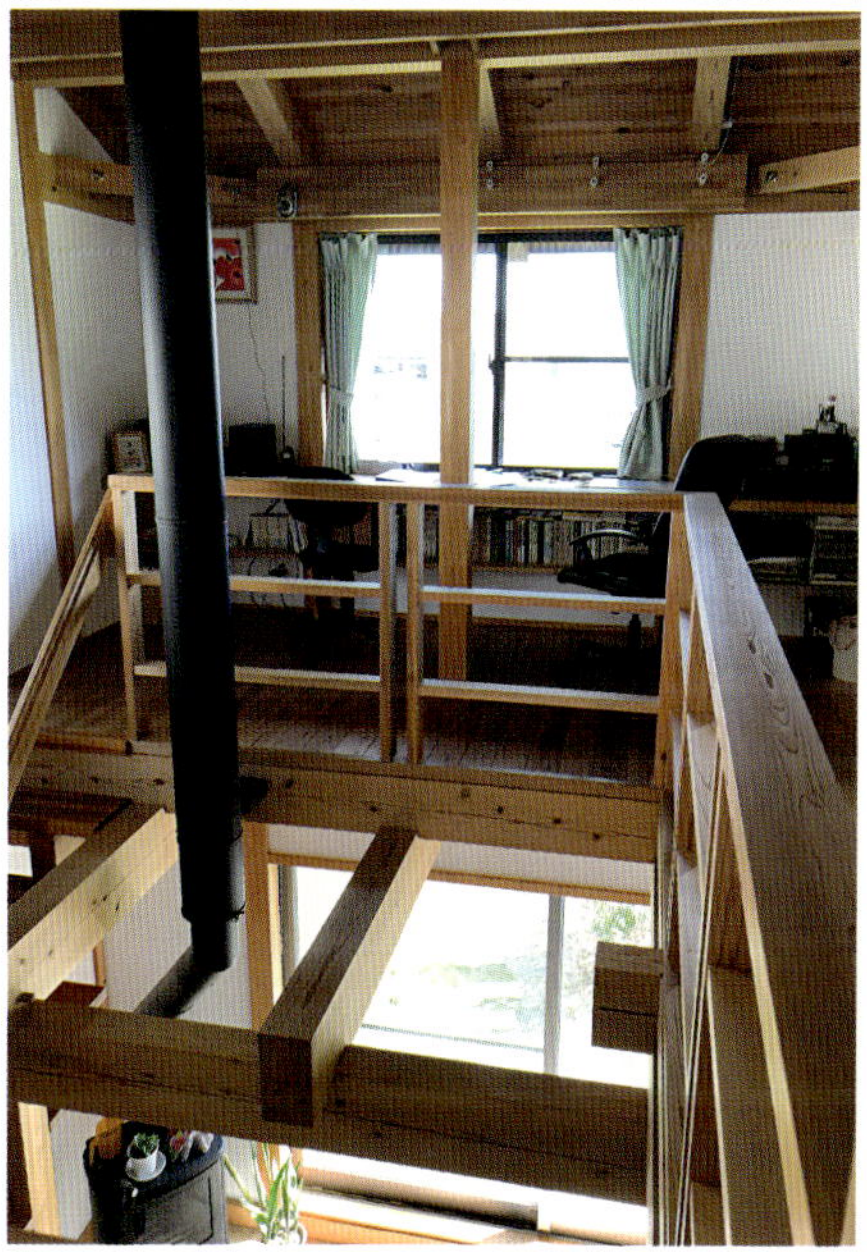

右上／くろぎの間（居間）。
三和土の土間と薪ストーブと吹き抜け
右下／書斎コーナー
左上／くろぎの間（居間）。土間からみる
左下／玄関。定番の格子戸と
紅葉を散らしたい壁

設計データ

- 敷地面積…259.00 m^2
- 延床面積… 99.37 m^2
- 用途地域…なし
- 構造・規模…木造・地上2F
- 設計期間…2011年8月～2012年5月
- 工事期間…2012年7月～2013年2月
- 総工事費…2,350万円（消費税抜き）
- 施工会社…㈲小坂建築

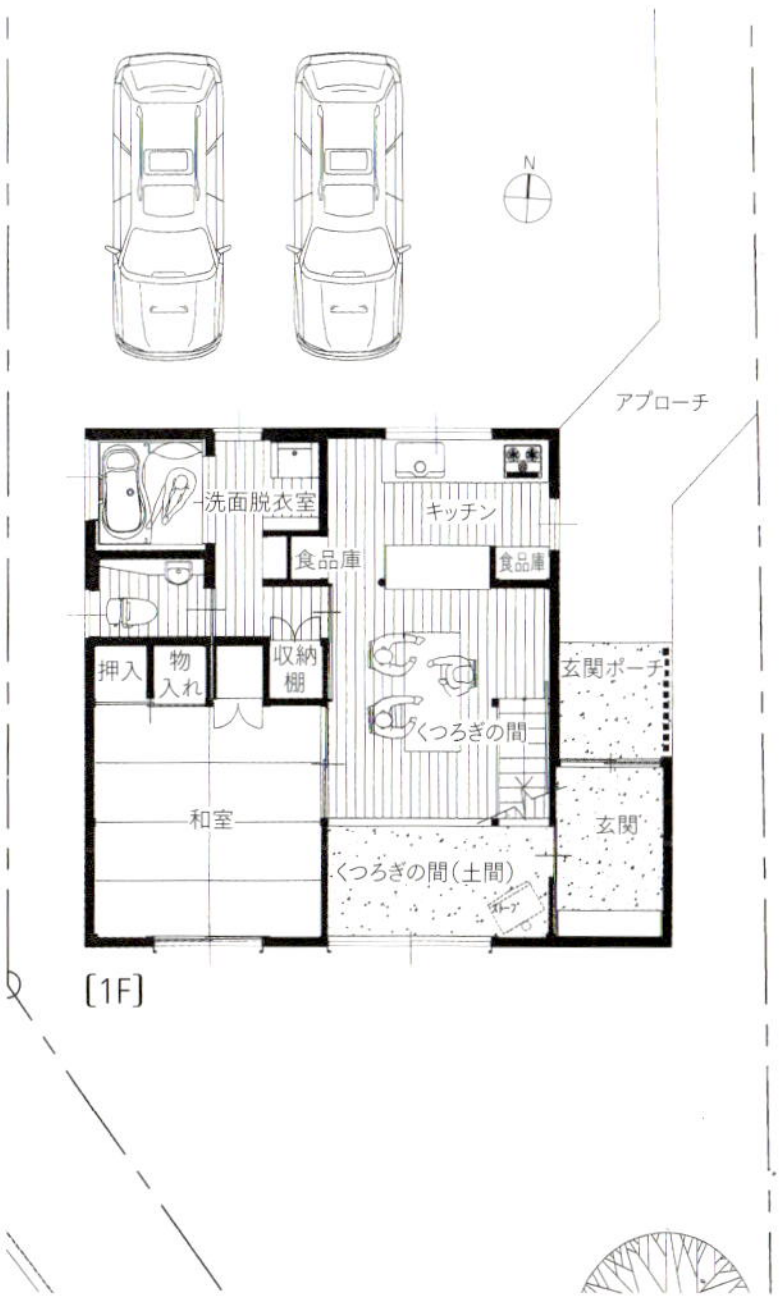

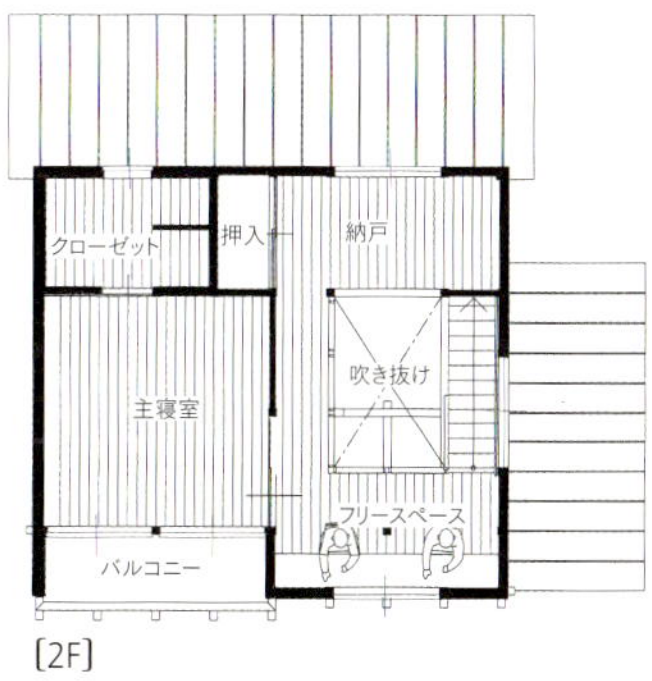

プライバシーを保ちつつ
空と一体感のある家

case 4

一級建築士事務所高橋設計事務所

菊川 White Cube

● 家族構成……1人

● 所在地……静岡県菊川市

上／外観西面　下／外観東面（以下すべて、撮影：小川博彦）

数年も前からノートにしたためた住まいの構想も現実に変わり、今は充実した毎日を送ることができています。要望と予算の葛藤の中で、どうなるのか不安もありましたが、建築家とコラボすることで、より洗練されたスタイリッシュな住まいとなったことに、とても満足しています。

具体的には2階に住まいの機能を持たせ、西開きの吹き抜けと絡んだテラスを囲むように各部屋が展開されています。テラスを含めた住空間は極力オープンに、その他の街区に面する側は必要最小限の開口部にとどめました。さらに水場を南側、ＬＤを北側にと、通常とは逆にすることで2階リビングは南側に空間を十分確保でき、街中とは思えない通風・採光とプライバシーを確保した、空と一体感の感じられる住まいとなりました。

（河内さん）

建築家のプロフィール

高橋雅志《たかはし まさし》
1959年生まれ／静岡県出身／1982年工学院大学卒業／1997年一級建築士事務所高橋設計事務所設立／静岡文化芸術大学非常勤講師／静岡県弁護士会住宅紛争処理委員／インテリアコーディネーター、他

掲載作品へのコメント

周りの環境から、生活のプライバシーを保ちながら快適な住空間を確保するため、2階を生活の場の中心にしつらえました。

中庭と吹き抜けを持つ2階テラスを中心核とし内外と上下の空間を継ぐ全体構成に、その回答を求めました。

●**一級建築士事務所高橋設計事務所**
静岡県掛川市小鷹町140-2
（アクセス：JR東海道本線掛川駅から徒歩10分）
TEL：0537-22-5650　FAX：0537-22-5650
E-mail：m.taka@rapid.ocn.ne.jp
業務時間（休業日）／9:00−18:00（不定休）
設計・監理料／総工事費の10％
住宅以外の設計／福祉施設、公共施設、商業施設、オフィスビル等、耐震補強設計、リフォーム

建築家からのメッセージ

住宅設計で大切にしていること

気候・風土・環境を考慮し、端正で豊かな内部空間と外観をもった建築を一つひとつ丁寧に、できるだけローコストで創ることを追求しています。

家を建てる人へのアドバイス

すべてがそろっていて便利で快適でオートマティック的な生活は、はたして豊かさと言えるでしょうか。突き詰めて考えれば、100個のガラクタより1個のお気に入りの中で暮らすことの豊かさが、品格や居心地というものをつくり出します。

私はこんな人です

好きな場所………自然の中
好きな建築………F.L.ライトの建築、吉村順三の建築
好きな音楽………良いものは何でも
好きな画家………若冲、広重、北斎、ルイ・イカール、等
好きな映画………良いものは何でも
好きな食べ物……めん類（パスタ含む）
座右の銘…………誠実
愛読書……………特になし
宝物………………家族、友人
趣味・特技………友釣り、和式毛針釣り、和竿収集
尊敬する人物……張忠信（師匠）、吉村順三
建築家をめざすきっかけ……大学での建築の世界との出会い
ひとこと…………ステキなライフスタイルができる住まいを一緒に考えていきましょう

2階リビング

1階玄関ホール

2階サニタリー

2階寝室

2階テラス吹抜け

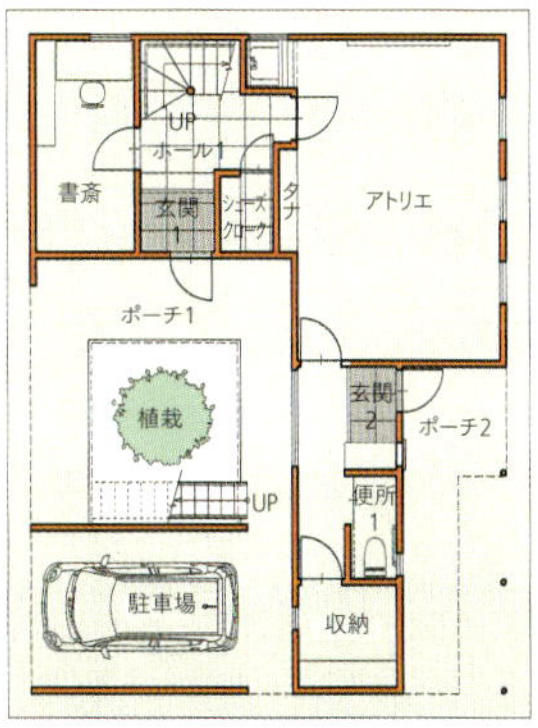

［1F］

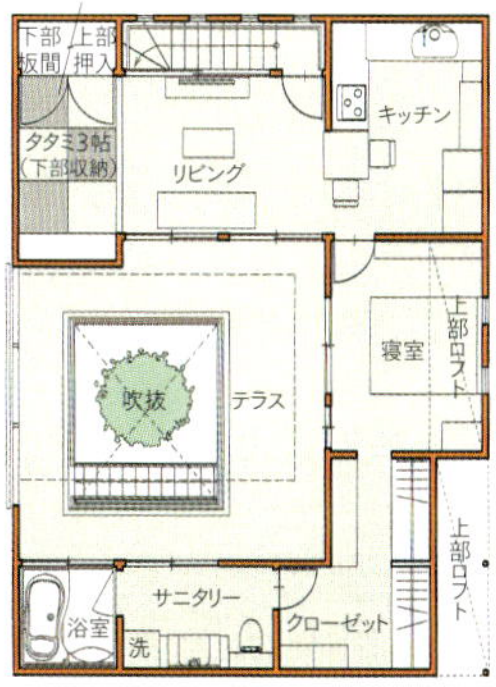

［2F］

設計データ

- 敷地面積…464.15m²
- 延床面積…115.92m²
- 用途地域…近隣商業地域
- 構造・規模…木造・地上2F
- 設計期間…2014年6月〜2014年12月
- 工事期間…2015年5月〜2015年10月
- 施工会社…㈱若杉組
- 総工事費…3,000万円

杉板による板倉構法で
夏涼しく、冬暖かく

case 5

工房 道

楚原の家

- 家族構成……夫婦＋子ども2人
- 所在地……三重県いなべ市

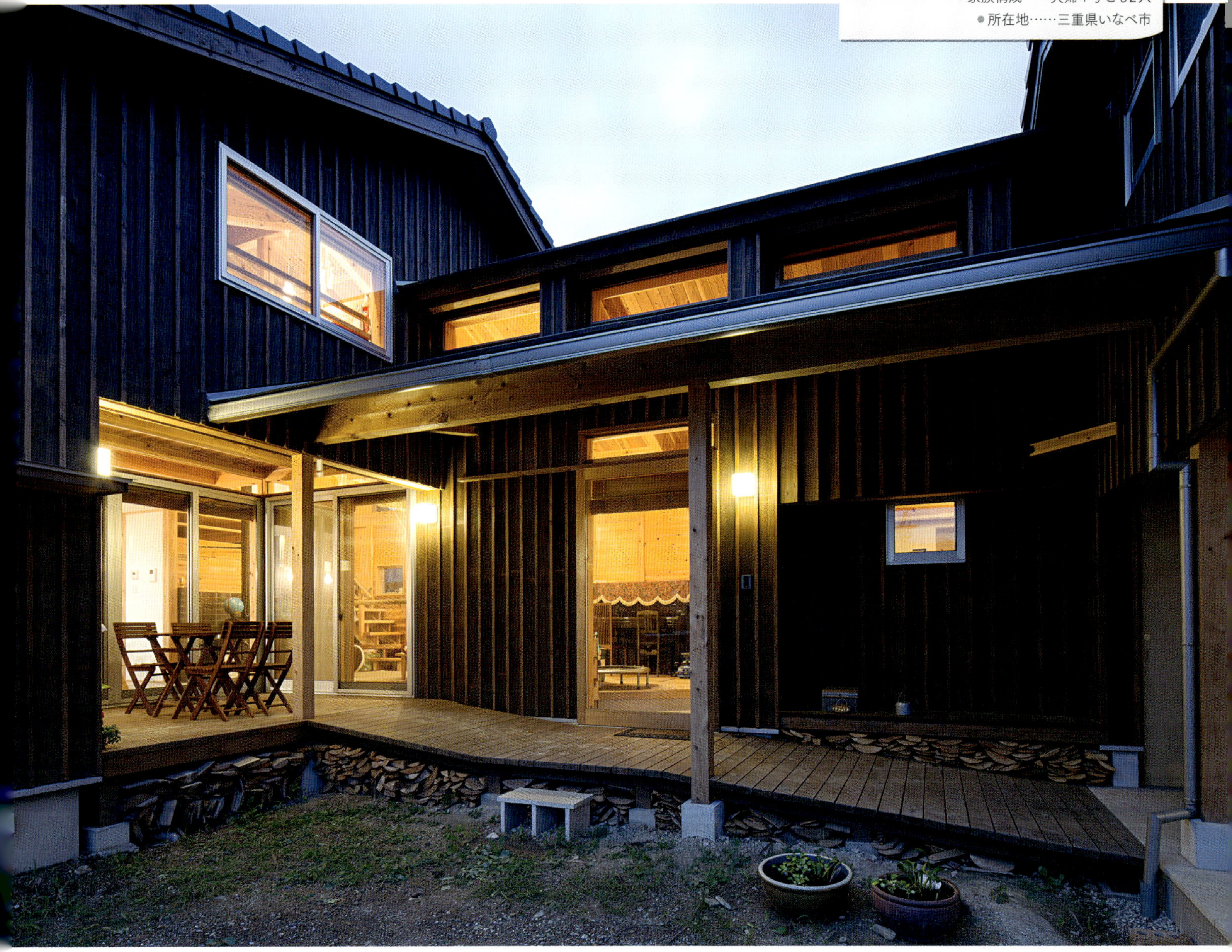

外観（以下すべて、撮影：堀建築写真事務所）

まずは土地選びから。名古屋のまちの中で育った私は休日になると山や海、川といった自然な風景に足を運んでいました。子どもたちにもこういった自然な環境での暮らしをさせたいと思い、この土地を選びました。

離れて住む妻の親は車いすを使っており、介護が必要なので、介護用の車の乗り降りや動線を考慮して、半ビルトインの駐車スペースとし、そこから部屋までの動線をスロープにしました。雨の中での移動は思った以上にストレスになりますね。今となっては私たち家族にとっても暮らしやすい動線となっています。

リビングの一角に薪ストーブがあります。冬はこの薪ストーブ一つで暖をとることになります。この家は杉板による板倉構法です。杉板の蓄熱作用は思った以上に効果がありました。もともと表面温度が高いので、体感温度は暖かく感じます。いまはやりのパッシブな全館空調と思っています(笑)。夏はというと、杉板による調湿作用で、からっとした心地よい空間となりました。とくに梅雨時の洗濯物は家の中の方がよく乾くようで、洗濯マニアの奥さんは大喜びです。子どもたちにとっても真っ四角なクロス張りの空間よりは、五感を刺激して心豊かな感情を育む空間となっていると思います。

（Sさん）

建築家のプロフィール

鈴木道夫《すずき みちお》

1970年生まれ／愛知県出身／矢田工務店、東海林建築設計室を経て、工房道設立。

掲載作品へのコメント

日本古来から伝わる板倉の家で造りました。室内環境は杉板による調湿作用で夏は涼しく、杉板による蓄熱作用で冬は暖かい。現代構法の筋交いの代わりとなる板倉落とし壁構法は地震に対して建物はしなやかに揺れて、地震力を逃がしてくれる構法です。

●工房 道

なごやのアトリエ｜名古屋市中川区柳川町8-5 明輝ビル2B
（アクセス:JR•名鉄•地下鉄金山駅）
TEL.052-678-7285 FAX:052-678-7286

いなべのアトリエ｜三重県いなべ市員弁町楚原631-1
（アクセス:三岐鉄道楚原駅）
TEL:0594-73-0043 FAX:0594-73-0043

業務時間（休業日）／ 9:00−18:00（日）
E-mail:koubou-michi@nifty.com
URL:事務所名で検索

設計•監理料／総工事費の10-12 %前後
住宅以外の設計／木造住宅専門の設計事務所

建築家からのメッセージ

住宅設計で大切にしていること

丈夫な構造で、美しい構造躯体であること、つくり込むデザインではなく自然な素材がデザインであること、普通なんだけど美しい家であること、を心掛けて住宅設計をしています。

家を建てる人へのアドバイス

近くの山の木を使って家づくりをして20年近く経ちました。「近くの山の木を使うこと」それは、木が育った同じ気候の土地で家の素材として使うことが、ごく自然であたりまえと思うからです。ぜひ、近くの山の木を使ってください。

私はこんな人です

好きな場所………自然に囲まれた山や川、海
好きな建築………石の教会　内村鑑三記念堂（石の教会で結婚式を挙げました）
好きな食べ物……パスタ、ラーメン
宝物………………家族
座右の銘…………一志貫徹
趣味•特技………アウトドア、DIY
尊敬する人物……両親
建築家をめざすきっかけ………小さい頃からものづくりが好きでした

家族が囲む薪ストーブ

右上／階段踊り場は子どもの遊び場
左上／私の唯一の要望囲炉裏
右下／黄色の電車が見える浴室

大空間のリビング

設計データ

- 敷地面積…399.00m^2
- 延床面積…184.00m^2
- 用途地域…第一種住居地域
- 構造•規模…木造•地上2F
- 設計期間…2011年1月〜2011年5月
- 工事期間…2011年6月〜2012年3月
- 施工会社…分離発注

case 6

㈱綜設計

枠を超える可能性が拡がる家

● 家族構成……夫婦＋子ども2人

● 所在地……岐阜県岐阜市

階段、吹き抜けの食堂と居間、奥に台所と小上りの茶の間
（以下すべて、撮影：秀栄）

脇田さんに家の設計をお願いしようと決めた理由は、私の父の同級生であり、父も「家を建てるなら脇田さんにお願いする。」と言っていたからです。

つくる過程では、何度も話し合いを重ね、脇田さんのコンセプトとこちらの希望を重ね合わせ、一緒につくり上げていきました。

工務店やハウスメーカーに一任するのと違い、細かな部分も一つひとつ設計士と相談していきました。思いついたことは電話やメールでお願いするなど、ご迷惑を掛けたかもしれません。

完成した家に初めて入ったときの感動は今でも覚えています。

木のにおい、吹き抜けの広さ、棚やロフトなどの収納など、すべてにおいて満足する家となりました。また、高気密高断熱については家の中に寒暖の差がなく、一年中どこにいても快適に過ごすことができます。

住み始めて4年が経ち、妻と6歳と2歳の子どもの4人で生活していますが、大きな吹き抜けのおかげで、家のどこにいても家族の声が聞こえ、にぎやかな毎日を送っています。これからもこの家で家族と素敵な毎日を送っていきたいと思います。

（酒井さん）

建築家のプロフィール

脇田幸三《わきたこうぞう》

1951年生まれ／岐阜市出身／1974年名古屋工業大学建築学科卒業／1976年名古屋工業大学大学院終了／1989年㈱綜設計共宰／著書:『樹木の啓示』1996年風琳堂、建築絵本『猫一の住まい見て歩き』1997年風琳堂、「できる」を育む家づくり…住空間と脳2016年工作舎

掲載作品へのコメント

二世帯住宅から始まりました。敷地に余裕があり、独立性と親密性から母屋と離れの形を採りました。吹き抜けの居間・食堂が全体のつながりの核になり、加えて階段が動きと視線の展開を促します。小型エアコン2台とペレットストーブで涼しく暖かいです。

●㈱綜設計
名古屋市中村区太閤4-5-18-202
（アクセス：名古屋駅から徒歩12分）
TEL：052-485-6078
E-mail：waki@sousekkei.com
URL：http://sousekkei.com/
業務時間（休業日）／ 9:30－17:00（土日・祝）
設計・監理料／総工事費の10－12%
住宅以外の設計／医院、マンション、工場

建築家からのメッセージ

住宅設計で大切にしていること

なぜ、吹き抜けなの？ と、ずっと背景を探してきました。ようやくヒントがみつかり、5年ほど脳科学の本を読み漁りました。8・9歳までは特に視覚・聴覚など五感への情報や身体の動きがとても脳を刺激します。住まいは最重要な空間です。家族と個の成長と住む人の意向を組み立てます。

家を建てる人へのアドバイス

住まいへのいろいろな思いや好みがあるにしても、個の成長を見据えた家づくりが何より大事です。著書「できる」を育む家づくり（工作舎出版）をご一読いただくか、YouTube動画を「脳が喜ぶ住まい」または「家づくりの9つのポイント」で検索してご覧ください。「大きな朝を迎える」「深い夜を過ごす」「五感を誘う」「ことばと個人の世界が拡がる」「たて動きをする」「階段を主空間に」「伸びやかな吹き抜けがある」「感覚刺激に溢れ、家族が集う場」「お気に入りの場」を踏まえた家づくりをします。

私はこんな人です

好きな言葉……「枠におさまるか、枠を抜きんでるか」
「敗者復活の仕組みがある社会」
「人は見たいと思うものしか見ない」

建築家をめざすきっかけ……友人の影響で建築学科へ、そこで計画・設計の道に舵を切る。

愛読書……司馬遼太郎、塩野七生、小椋一葉、井沢元彦

趣味……朝の3～5kmのランニング

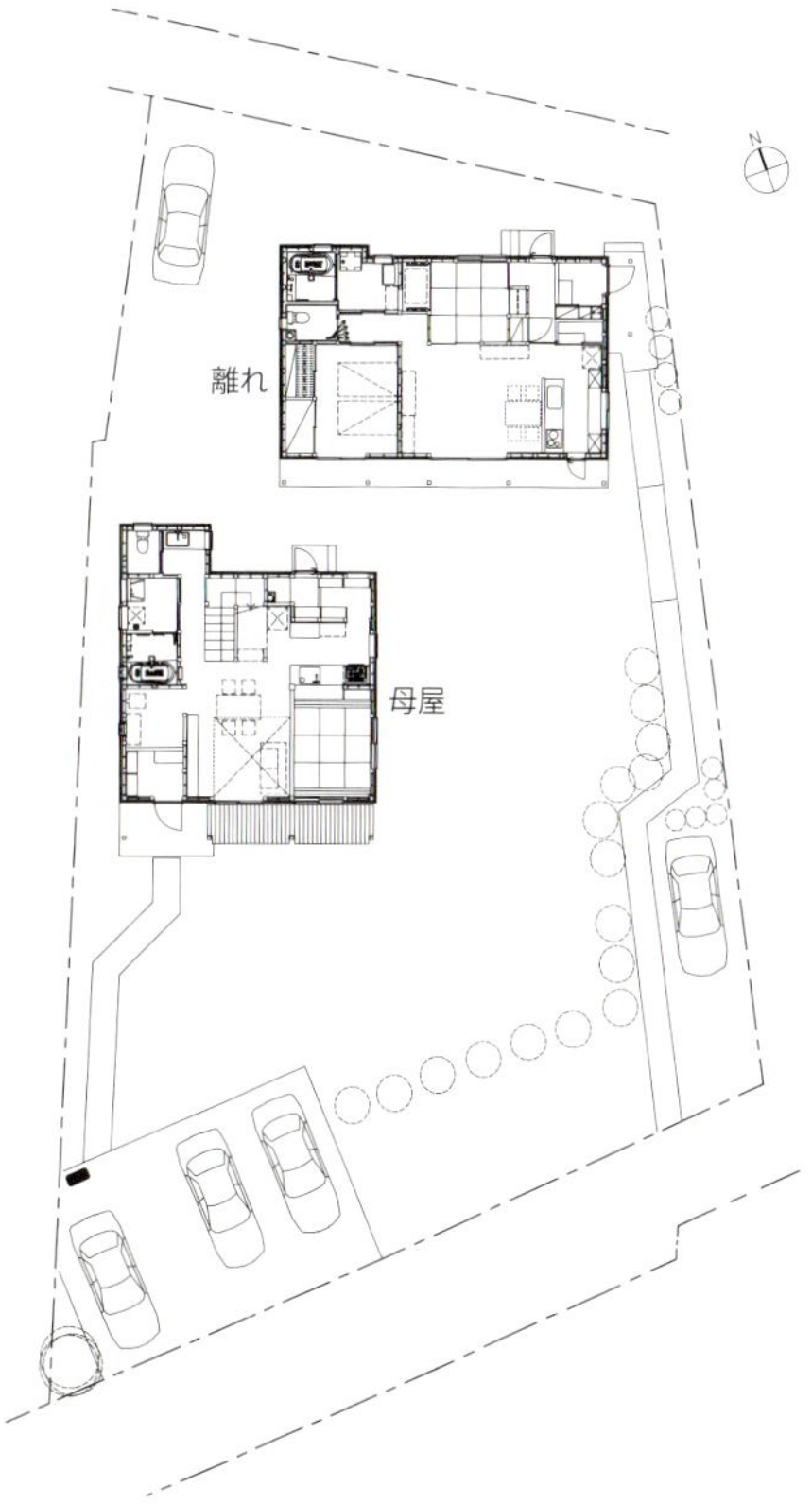

上／南西の外観：
鋼板張りと左官塗り壁、
木デッキと板張りバルコニー、
平瓦葺き
下／居間の夕景：
深い夕闇に灯りと
ペレットストーブの炎が温かい

設計データ

- 敷地面積…758.90 m²
- 延床面積…118.74 m²（母屋）
- 用途地域…第一種低層住居専用地域
- 構造・規模…木造・地上2F
- 設計期間…2012年11月～2013年4月
- 工事期間…2013年5月～2014年1月
- 総工事費…2,400万円
- 施工会社…㈱ヤマジョウ建設

リノベーションで生まれた
暖かく明るい心地よい家

case 7

㈱才本設計アトリエ

菰野のリノベーション

● 家族構成……夫婦＋子ども2人＋母親（将来同居予定）

● 所在地……三重県菰野町

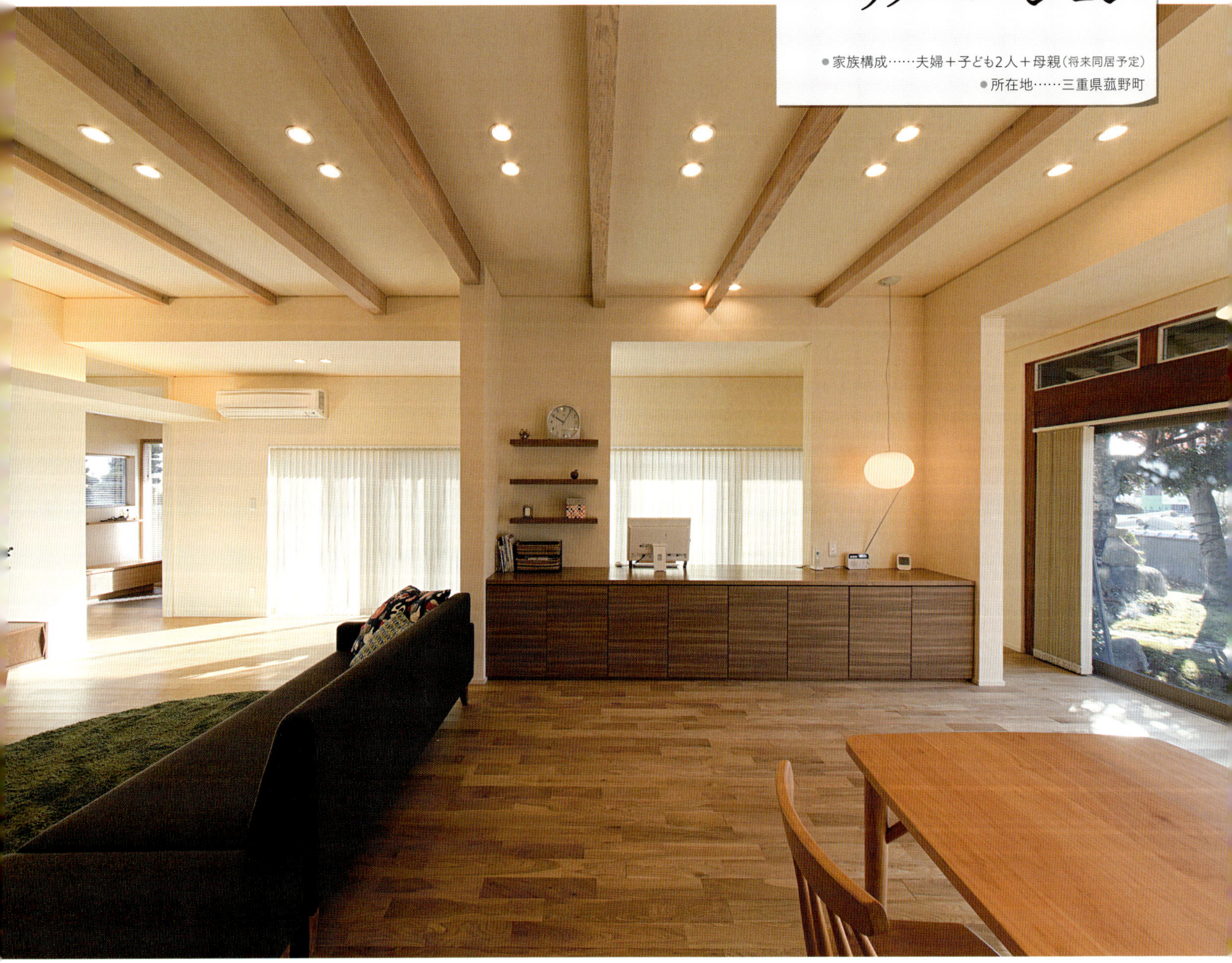

LDK（PC）：LDK。PCコーナーが特徴的な配置のLDK。一室空間に色々な居場所がある
（以下すべて、撮影：車田写真事務所）

リノベーションをするにあたり私たちがお願いしたのは、「暖かく光のたくさん入る明るい家」ということでした。この家に暮らし始めて3年が過ぎましたが、私たちの希望や想像以上に住み心地の良い家をつくっていただいたなあと日々実感しています。

それをとくに感じるのが冬の朝です。ブラインドを開けると開放的な大きな窓から一気に光が差し込み、とても気持ち良く、また気密性が高いため天井も高いLDKがエアコン1台ですぐに暖まり、非常に快適に過ごすことができています。また、夏は涼しく風がよく通るので、窓を開けて庭を眺めるのが心地よく、至福の時間です。

才本設計アトリエさんに依頼してすごくありがたいと思ったのは、完成するまでに何度も現地に足を運んでいただき、工事の進捗具合等を実際に確認しながら打ち合わせできたことです。質問や要望をその都度お話しすることができたので不安がなく、また何度も顔を合わせることで打ち解け、信頼関係も深まっていったと感じております。

わが家の息子たちに家のことを尋ねると「大好き!!」という返事が返ってきますし、遊びに来てくれた友人もみな絶賛してくれるこの家は、私たちの自慢です。これからも大切に暮らしていきたいと思っています。

（K・Yさん）

建築家のプロフィール

才本清継《さいもと きよつぐ》

1950年生まれ／名古屋市出身／1975年名古屋大学大学院修士課程修了／1986年才本設計アトリエ設立／1990年㈱才本設計アトリエ設立／2004年～大同大学建築学科非常勤講師

掲載作品へのコメント

昔ながらの、縁側のある田の字プランの住まいをフルリノベーション。建物を屋根と構造材のみとし、耐震性能・断熱気密性能・外装・設備を新しくしました。縁側（広縁）をリビングやPCコーナーに取り込み、新築とは違った空間が生まれるのもリノベーションの魅力です。

●㈱才本設計アトリエ
名古屋市中区丸の内2-17-10 丸和ビル3F
（アクセス：地下鉄鶴舞線・桜通線丸の内駅から徒歩1分）
TEL：052-212-2988　FAX：052-212-2989
E-mail：saimoto@saimoto.jp
URL：http://www.saimoto.jp
業務時間（休業日）／9:00－17:30（第2、4土・日・祝）
設計・監理料／総工事費の10－15%（住宅の場合）
住宅以外の設計／医院、集合住宅、福祉施設、オフィス

建築家からのメッセージ

住宅設計で大切にしていること

光と風と緑など、自然が本来持っている力を活用し生活の中に取り込むこと。また、団欒の場やその付近に家族それぞれの居場所をつくり、つねにお互いに、家族の気配を感じながら心がつながる住まいを目指しています。

家を建てる人へのアドバイス

皆さまはご自分の住まいに対する思いを残すことなくすべて私どもにお話しください。それを受けて皆さまの思い以上の住まいを提案することが私どもの仕事です。

私はこんな人です

好きな場所……日本の名庭園、京都の街、フィレンツエの街
好きな建築……桂離宮、光浄院客殿、キンベル美術館
好きな音楽……バッハ
好きな画家……俵屋宗達、尾形光琳
好きな食べ物……和食
愛読書……『日本の建築空間』（新建築社）
宝物……現在撮影し続けている建築や庭などの写真
座右の銘……「家々の業を懈怠なく　殊には朋友の交を失う事なかれ」（小堀遠州「書捨の文」）
趣味……建築にとどまらず庭園、絵画、彫刻、陶芸、書などの美しいものを求め旅すること
尊敬する人物……小堀遠州
建築家をめざすきっかけ……若いころからすぐれた日本建築に魅了された

右上／玄関：玄関を広くとり、ゆったり感を演出。
朝日が入る気持ちの良い居場所
右中／DK：ダイニングキッチンは日当たりのよい南側で、家族の会話もはずむ
右下／PCコーナー：元は縁側空間だったPCコーナー
左上／LDK（D→L）：リノベだから可能となった広々としたLDK。建て主の好みに合わせ、照明や内装を提案
左下／LDK

リノベーション後

既存

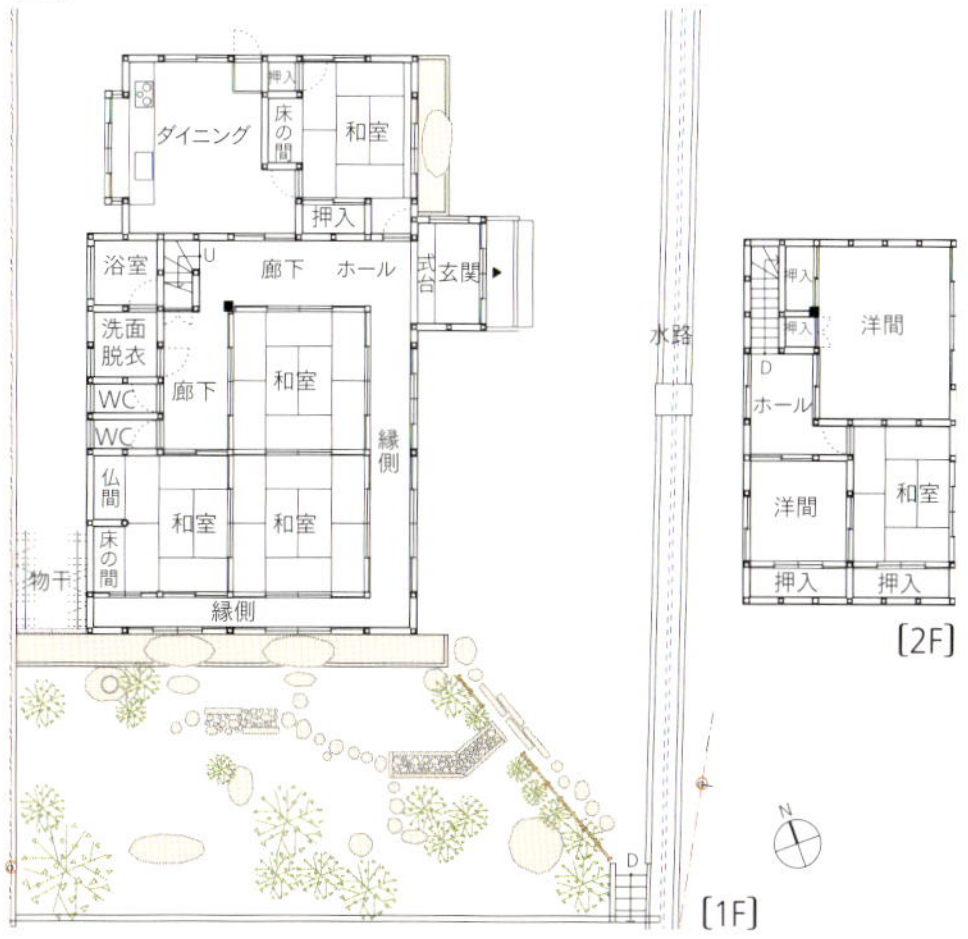

外観：玄関扉とアプローチもバリアフリー仕様で新しく

設計データ

- 敷地面積…754.26m²
- 延床面積…174.13m²
- 用途地域…第一種住居地域
- 構造・規模…木造在来工法・地上2F（リノベーション）
- 設計期間…2013年1月～2013年9月
- 工事期間…2013年9月～2014年2月
- 施工会社…池田建築㈱

case 8

前田建築設計室

岩崎台の家

● 家族構成……夫婦（30代）＋子ども2人（5才と2才）

● 所在地……愛知県日進市

大きな吹き抜けが生活の中心

居間と食堂と大きな吹き抜け（以下すべて、撮影：アクエリアス）

希望に見合う土地を見つけることができず困っていた私は、前田さんに土地探しから手伝ってもらうことにしました。一人で探しているときよりも心強く、選択肢を広げて土地探しをすることができました。

見つけた土地では理想の家が建つのか心配でしたが、事前にさまざまなプランをつくってもらうことで、安心して土地を購入することができました。設計の打ち合わせでは要望を細かく聞いてもらい、それだけではなくこちらが驚くような提案もありました。しかし、丁寧な説明をうけることで納得して任せることができました。

提案プランは、大きな吹き抜けが家の真ん中に構えているものでした。吹き抜けは夏に暑く冬に寒いと思っていましたが、吹き抜けに適した設計により快適に過ごせています。なにより大きな吹き抜けは今では生活の中心になっていて、居間にいながら2階にいる子どもたちと話をしたり、子ども部屋にいる子どもたちの気配を感じたりと、どこにいても家族が一緒にいるような楽しい場所になりました。

私は設計事務所を人柄で決めました。気の合う前田さんには、完成後も外構や庭木などのさまざまな相談をしており、これからも末永くお付き合いをお願いしたいと思っています。

（Yさん）

建築家のプロフィール

前田真佑《まえだ しんすけ》

1977生まれ、名古屋市出身／2000年名城大学卒業／2003年～06年中日設計㈱／2007年～11年設計工房蒼生舎／2011年～前田建築設計室設立

掲載作品へのコメント

内観は、木造であることの特徴を活かすにために木の軸組をできるだけ覆い隠さずに見せている。プランは、どの部屋に行くにも吹き抜けのある居間を通る立体的な動線とした。部屋を分けたり増やしたり、将来的な生活の変化に対応できるような、さまざまな仕掛けをした。

●前田建築設計室
名東事務所｜名古屋市名東区大針1-17
北事務所｜名古屋市北区清水5-37-10-904
TEL:052-748-0617　FAX:052-748-0617
E-mail:office@maeda-room.com
URL:http://maeda-room.com/
業務時間（休業日）／9:00−18:00（日・祝）
設計・監理料／総工事費の8−12％
住宅以外の設計／店舗、共同住宅、倉庫

建築家からのメッセージ

住宅設計で大切にしていること

楽しい住まいを設計したいと考えています。楽しい気持ちは人それぞれですが、その個別性が住まいの多様性として表われます。お互いの個別性が交流することで新たに創られる個別性が大事だと思っています。

家を建てる人へのアドバイス

建築家はとても身近な存在です。気楽に会って、自分の想いを臆せずにぶつけてみてください。その結果、気の合う人に依頼することが最良の結果に結びつくと思います。

私はこんな人です

好きな場所………錦帯橋
好きな建築………国立代々木競技場
好きな画家………ジョルジョ・デ・キリコ
好きな映画………『紅の豚』
好きな食べ物……トマト、りんご
愛読書……………人間・動物など生物の本
宝物………………二人の子ども
座右の銘…………温故知新、泰然自若
趣味・特技………料理
尊敬する人物……妻
建築家をめざすきっかけ………昔から歴史が好きで、とくに歴史的建造物を見ることが好きでした
ひとこと……………まずは話をしてみませんか？　どんなことでも構いませんので気軽にご相談ください

2階の寝室と子ども部屋をつなぐ渡り廊下

玄関土間と和室上り框

玄関庇と縁側

設計データ

- 敷地面積…168.15m^2
- 延床面積…114.29m^2
- 用途地域…第一種低層住居専用地域
- 構造・規模…木造・地上2F
- 設計期間…2011年12月～2012年11月
- 工事期間…2012年12月～2013年7月
- 施工会社…吉富工務店㈱

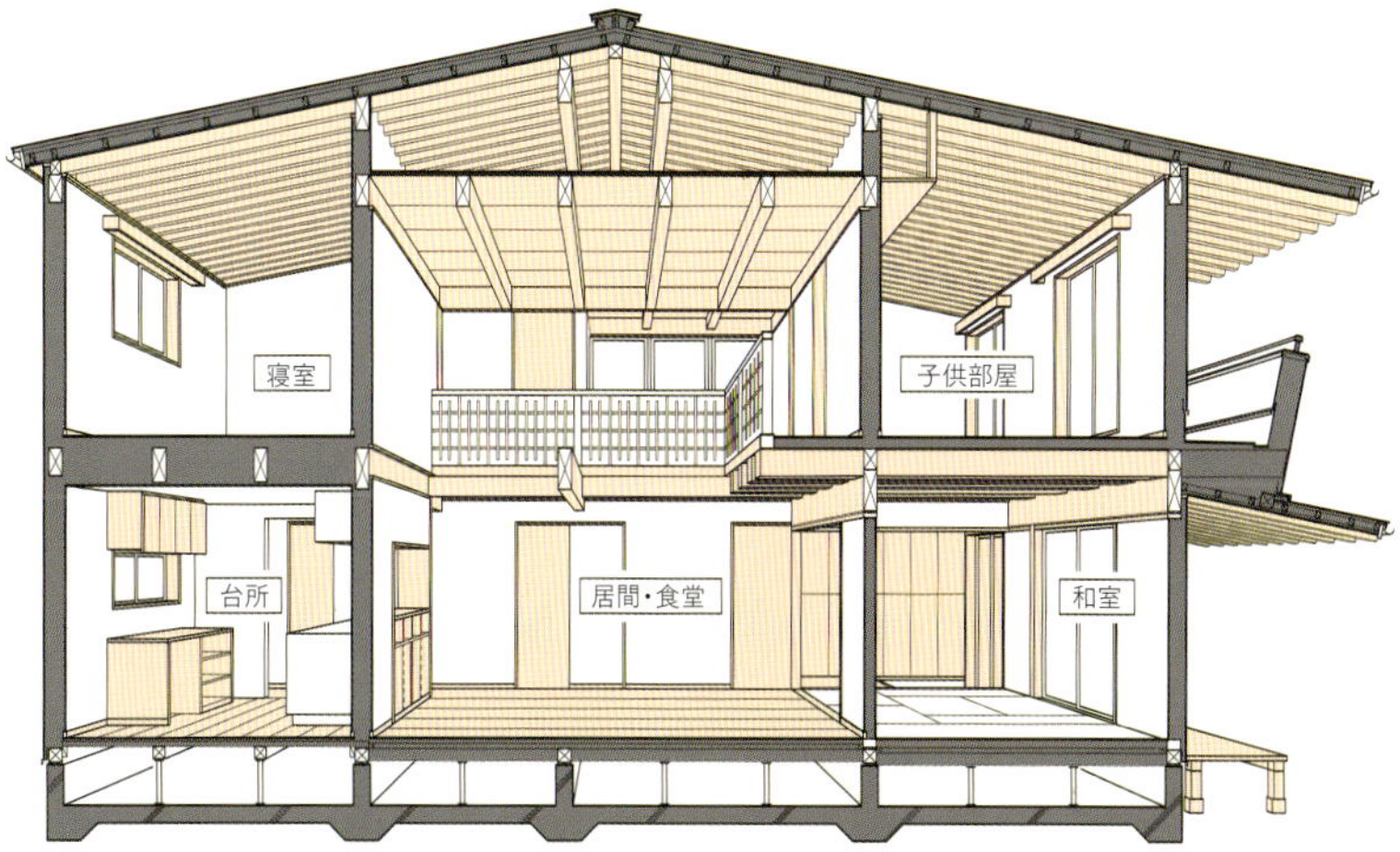

内観パース／吹き抜けと各々の部屋との立体的な関係がわかります

case 9

今井賢悟建築設計工房

SK-HOUSE

●家族構成……両親＋本人＋娘
●所在地……名古屋市昭和区

狭い敷地もワンルームで広がりを家全体の暖冷房で快適に

昼間の外観（以下すべて、撮影：329photostudio）

今井さんが、春日井市上条町にある住宅のオープンハウスの広告を依頼したデザイナーが、私の娘でした。

今井さんには、具体的なことは何も言わず「とにかく快適な家に住みたい」と、他にほんの少しの要望を出しましたが、細かいところのデザインはほとんどお任せすることにしました。敷地が手狭であまり大きな建物をつくることができず、階段を通して一階の玄関、二階のLDK、三階の廊下までワンルームとしました。暖冷房に心配していましたが、各部屋にエアコンをつけるのではなく建物全体を暖冷房する輻射式「パネルシェード」を提案してもらい、採用しました。ジワーと暖かく、エアコンのような風がないので本当に快適です。

私の仕事の都合上、平日の昼間でも時間が取れるので、建築工事中の週に一度の現場での打ち合わせはほとんど出席しました。今井さんと、現場監督の横井さん、専門業者さんとのやりとりを聞いていましたが、本当に熱心に討論していて、私たちの住まいに対して一生懸命考えているということがひしひしと伝わってきました。

最後にオチがありました。家に対して一番ワガママな意見を出していた娘が、建築途中に知り合った男性と入居を待たず電撃結婚して嫁いでしまいました。あれだけ良くしていただいた今井さんに本当に申し訳ないことをしてしまいましたが、この家づくりを通じて、何か良い運気をいただいたと思っています。

（Kさん）

建築家のプロフィール

今井賢悟《いまい けんご》

1969年生まれ／多治見市出身／1989年国立岐阜工業高等専門学校建築科卒業／1989年住友林業㈱／2000年㈱ウッドフレンズ／2004年今井賢悟建築設計工房設立

掲載作品へのコメント

両親とご本人とお嬢様という大人4人で女性3人という住まいでしたので、プライバシーを重視し、水回り、とくにキッチン周りを充実することにしました。また、鉄筋コンクリート壁面から片持ちのストリップ階段は、その階段の隙間から、昼間は上部から光を落とし、夜間はライトアップにて演出され、間口のコンパクトな玄関部分に重要な役割を担っています。

●今井賢悟建築設計工房
名古屋市守山区小幡南2-18-12 SJKビルⅧ小幡302
（アクセス：名鉄瀬戸線小幡駅から徒歩3分）
TEL：052-217-0213　FAX：052-217-0213
E-mail：info@imaiarchi.com
URL：http://www.imaiarchi.com/
業務時間（休業日）／9:00−17:30（日）
設計・監理料／総工事費の9%＋構造設計料

住宅以外の設計／福祉施設

建築家からのメッセージ

住宅設計で大切にしていること

住まい手には住まい手の暮らし（ライフスタイル）があります。まず、しっかり住まい手の"暮らし"をききとり、住まい手のステージの中でいかにクオリティの高いものを提供できるかを考えています。

家を建てる人へのアドバイス

住宅は、長い間住まう建物です。
「今」にとらわれず、長期的なスパンで住まいを考えましょう。

私はこんな人です

好きな場所………木漏れ日の下
ひとこと…………私は基本的にゆるいです

左／玄関ポーチ　右／1階の階段

3階の階段

上から／ダイニングキッチン
3階の廊下
寝室兼書斎
リビングとダイニングキッチン

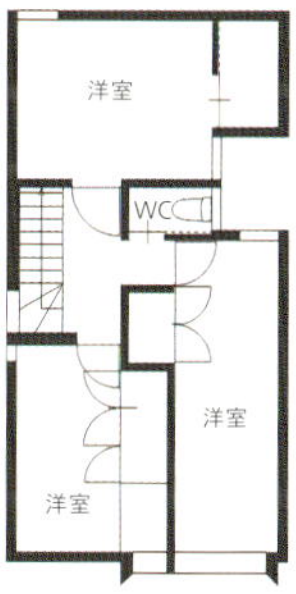

［3F］

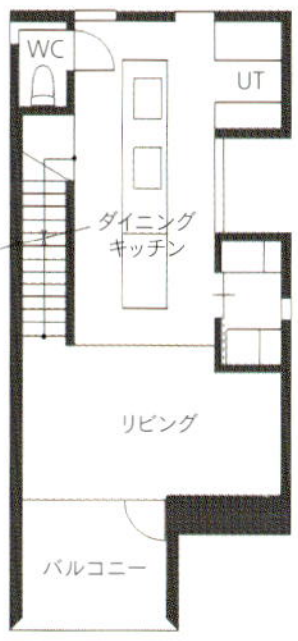

［2F］

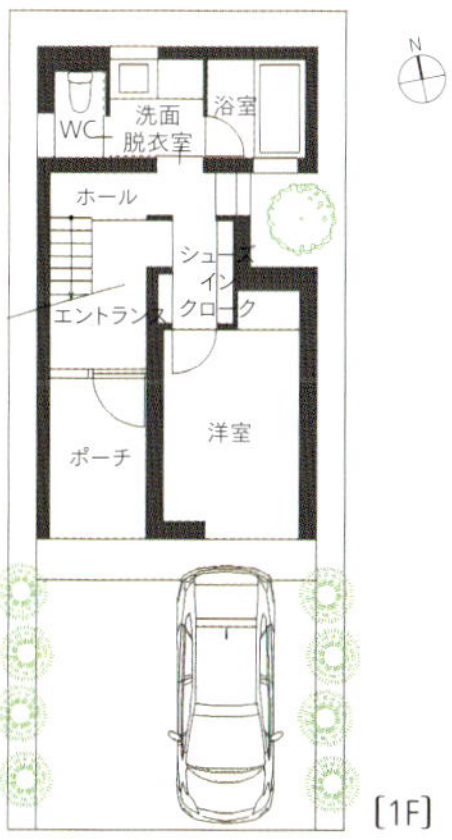

［1F］

設計データ

- 敷地面積… 84.18m²
- 延床面積…121.50m²
- 用途地域…第一種住居地域
- 構造・規模…鉄筋コンクリート造＋木造・地上3F
- 設計期間…2016年1月～2016年9月
- 工事期間…2017年10月～2017年5月
- 施工会社…㈲足立住建

地産の幡豆石と雑木で作られたアプローチ。墨色の外壁と木製建具・植栽のコントラストが訪れる人を和ませます
（以下すべて、撮影：堀隆之写真事務所）

松原建築計画

case 10

寺津の家

● 家族構成……夫婦＋子ども
● 所在地……愛知県西尾市

地域に溶け込み時を刻む、墨色の押縁板壁の家

母屋の隣に建てた私たちの住まいは、田畑の広がるのどかな場所にあります。設計者の松原さんと打ち合わせを重ね、母屋からの繋がりを考慮しつつも、一体感があり、地域に溶け込むような、伸びやかな建物を計画・提案していただきました。

アプローチの先にある墨色の押縁板壁は、昼間もさることながら夕景も幻想的で美しく、ＬＤＫの木製建具を開け放し、風に吹かれる心地よさを日々、実感しています。玄関ポーチには、ベンチを設けていただきました。雨の日も濡れずに郵便物を取りに行けたり、買い物などの荷物を置き、鍵を開けることができたりと、実用的で大変便利です。

2階のインナーバルコニーは、物干しはもちろん、天気の良い日にはハンモックを吊るし、読書やお茶を楽しむ、家族のお気に入りのスペースとなっています。ＬＤＫに隣接する畳コーナーの小窓からは、季節の移り変わりを感じながら庭を楽しめ、家族が、思い思いに音楽や趣味をのんびりと楽しむことができる、気持ちの良い場所となっています。

住むにつれ味わいが増し、生活スタイルとともに、この家がこれからどのように成長・変化して行くのか、これからがとても楽しみです。

（Ｓさんご家族）

建築家のプロフィール

松原知己《まつばら ともみ》

1974年名古屋市生まれ／1997年愛知工業大学卒業／1997～2000年加藤設計／2000～2008年久保田英之建築研究所／2008年松原建築計画設立／2010年すまいる愛知住宅賞愛知県知事賞受賞

掲載作品へのコメント

母屋と隣接した子世帯の住まい。繋がりを考慮し、一体感のある穏やかで伸びやかな建物としました。

米杉に墨色の塗装を施した外壁は、古くからの街並みに優しく馴染んでいます。

家族の集う居間・食堂・台所を中心とし、庭に面した軒の深いテラスが、内と外を結びつける要素となっています。

●松原建築計画
名古屋市守山区上志段味羽根476
（アクセス.JR中央本線高蔵寺駅から徒歩15分）
TEL：052-700-6911　FAX：052-700-6912
E-mail：info@matsubara.architect.com
URL：http://matsubara-architect.com
業務時間（休業日）／9:00－18:00（日・祝　打合せ可）
設計・監理料／総工事費の約10％
住宅以外の設計／店舗、事務所、リノベーション等

建築家からのメッセージ

住宅設計で大切にしていること

平米では表わせない空間の豊かさ、内と外との繋がり、風の流れや光と闇の関係、素材本来の力を大切にしながら、わくわくする家、味わいの増す家、永く住まう家を。ご家族の喜びや安心をかなえる設計を、住まい手と地域と関わり合いながらつくることを心掛けています。

家を建てる人へのアドバイス

ふと感じる「幸せ」の瞬間。家族や友人が集い、その時間を楽しみ、分かち合うことで人生はより豊かなものになっていきます。地に根差して、生活の重心を低くする、自然を取り込み、内と外を一体とすることで季節の移ろいを身近に感じ、それらを生活に取り込むことで豊かな生活が送れるのではないでしょうか。

私はこんな人です

好きな映画………『2001年宇宙の旅』
好きな食べ物……魚介類
愛読書……………『陰翳礼賛』
宝物………………家族・友人
趣味・特技………街歩き・旅行
ひとこと…………生活する住まい手がつくり込んでいく、そんな余白を意識しています。

木製建具を全開にして美しい庭と繋がります

上／居間から庭を眺める。
やわらかい光と風が通り抜けます
中／左手は
デスクを設けた畳コーナー。
食堂の円卓は、
家具職人による制作
下／2階の軒の深い
インナーバルコニー。
物干しの他
ハンモックを吊るして読書も

上／玄関前のポーチ。
一休みできるベンチを設けました
下／ロフトベッドを設けた
2階の子ども室。
将来二つに分けることも
想定しています

設計データ

- 敷地面積…194.83m²
- 延床面積…119.52m²
- 用途地域…第二種低層住居専用地域
- 構造・規模…木造・地上2F
- 設計期間…2013年9月～2014年7月
- 工事期間…2014年8月～2015年2月
- 施工会社…藤里建築工房
- 作庭…小笠原庭園

case 11

設計工房 蒼生舎

滝ノ水のコートハウス

● 家族構成……夫婦＋子ども2人
● 所在地……名古屋市緑区

上／天井まである大きな掃出し窓。壁に引き込んでしまえば庭との一体感が高まります
下／雑木越しに見え隠れするリビングとダイニング
（以下すべて、撮影：そあスタジオ）

柔らかい光が差し込むダイニングで緑を眺めながらコーヒーを飲むひととき。最近は外食や旅行もめっきり減り、家で過ごす時間が一番の贅沢になりました。なにしろ一年中気持ちがいいのです。家族それぞれにお気に入りの居場所があり、なおかついつもつながっている、そんな居心地のいい家を尾崎さんは設計してくださいました。

家を建てよう、と決めたときにイメージしたのは、レースのカーテンがいらない家、無垢の木や石や漆喰など自然の材を使った家、というものでした。開放的で自然に包まれるような家に住みたかったのです。

設計事務所を探す中、庭とつながる大きな掃き出しや吹き抜けがあり、自然素材を多く使った家をたくさん設計されていて目に留まったのが、尾崎さんの設計工房蒼生舎さんでした。実際に何軒か見学させていただき、伝統的な和風建築からモダンな鉄筋コンクリートの住宅まで設計の幅が広く、尾崎さんの穏やかなお人柄も相まってその懐の深さを感じ、お願いすることに。

今では、想像していた以上の気持ちの良い「時間」そして「暮らし」をいただいたなぁ、とつくづく感じています。

家を建ててよかった！

（柏崎さん）

建築家のプロフィール

尾崎公俊 おざき きみとし

1951年生まれ／長野県出身／1974年名古屋大学工学部建築学科卒業。㈱平子勝設計事務所、㈱伊藤建築設計事務所、㈱尾崎設計事務所を経て1983年設計工房蒼生舎を設立、現在に至る

掲載作品へのコメント

「開放感とプライバシーを両立させる。」

L型平面の住宅棟と車庫でゆるく囲うことで中庭のプライバシーが生まれました。中庭に面する開口を思いきり大きくし、建具を引き込み式にすることで庭に繋がる開放感が得られました。庭に植えられた雑木が適度に視線を遮りながら、季節を間近に感じさせてくれます。

●**設計工房 蒼生舎**
名古屋市千種区高見1-26-4 タカミ光ビル205
（アクセス：地下鉄東山線池下駅から徒歩10分）
TEL：052-761-7091　FAX：052-761-9384
E-mail：studio@souseisha.net　URL：http://www.souseisha.net
業務時間（休業日）／平日10：00－18：00
土曜日10：00－17：00（日・祝）
設計・監理料／総工事費の10－12 %
住宅以外の設計／店舗併用住宅、診療所、オフィスビル、共同住宅など

建築家からのメッセージ

住宅設計で大切にしていること

世の中はますます多様化していると感じています。個人の価値観も千差万別。
家づくりは設計者と建て主の共同作業です。どこかで価値観を共有できること、共感できることがとても大切だと思います。

家を建てる人へのアドバイス

共感できるパートナー（設計者）を見つけることが大切だと思います。家づくりの過程はとても楽しい充実した時間になるはずです。

私はこんな人です

好きな場所………自然が感じられるところ、里山
好きな建築………レンゾ・ピアノの作品
好きな音楽………ジャズ（オスカー・ピーターソン）
好きな画家………北斎、ゴッホ
好きな映画………スピルバーグの作品
好きな食べ物……漬物
愛読書……………司馬遼太郎の小説
宝物………………故郷
座右の銘…………人間万事塞翁が馬
趣味・特技………囲碁、キノコ狩り
尊敬する人物……司馬遼太郎
建築家をめざすきっかけ……修学旅行で国立代々木競技場（丹下健三）を見たこと

L型プランの住宅棟と車庫で庭を緩やかに囲ったコートハウス

玄関ホール。緑の庭が目に飛び込んできます

右上／リビングの庭に面する側はほぼ全面開口部でとても開放的です
右下／Yチェアのあるダイニング。テーブルもオークで製作しました

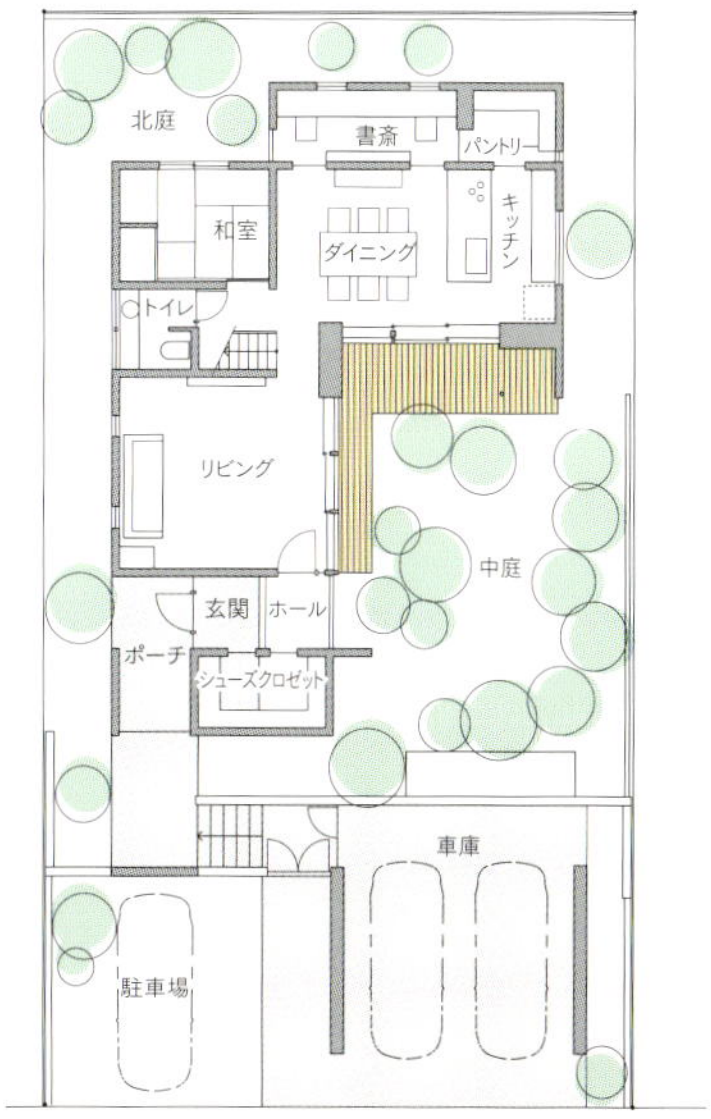

[1F]

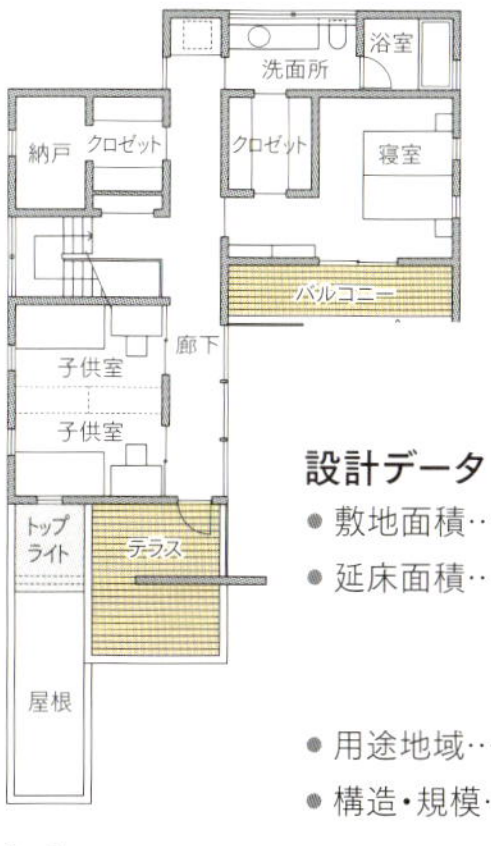

[2F]

設計データ

- 敷地面積…348.62 m^2
- 延床面積…211.15 m^2
（住宅部分171.05 m^2 ＋車庫など40.10 m^2）
- 用途地域…第一種低層住居専用地域
- 構造・規模…木造・地上2F、車庫は鉄筋コンクリート造・地上1F
- 設計期間…2013年9月～2014年8月
- 工事期間…2014年10月～2015年11月
- 施工会社…吉富工務店㈱

つながりのある開放的な家

case 12

光崎敏正建築創作所㈲

山添町の家

● 家族構成……夫婦＋子ども2人

● 所在地……名古屋市千種区

車庫に2台、外部に2台、来客用に1台という要望に応えた
（以下すべて、撮影：車田写真事務所）

夫婦で思い描いていたマイホームがありました。安全に配慮し外観は閉鎖的だが、中に入ると暖かく開放的。キッチンから家族の気配を感じられる。小さいうちは遊ぶ子ども、勉強する子どもを近くで見てあげたい。大きくなっても子ども部屋が孤立しないように。駐車場はビルトイン。家事動線は最短に、リビングダイニングは広く開放的に…。

当初、設計をハウスメーカー数社にお願いしましたが、どうも思いが形にならないと感じていました。そんなとき、愛読誌『モダンリビング』のある号に光崎先生を見つけ、私は胸が踊りました。素敵だなと参考にしていた家のいくつかが先生の作品でした。早速お会いすると、光崎先生は私たちの思いを傾聴してくださり、次の約束で先生の設計とその思いを聞かせていただいたときに、主人と私は先生で間違いないと感じました。

私のお気に入りはキッチンです。中庭の桂の木には鳥が遊びにきます。夏はプール、冬はミニサッカーゴールを出して子どもたちが遊んでいるところをキッチンから微笑ましくみています。桂の木の上あたりには子ども部屋の窓があり、子どもが手を振ったり御飯はまだかとキッチンの様子をみています。また、要望以上の光崎先生の気遣いに、後からここの収納助かる！とびっくりしたりもしました。主人は書斎からリビングで遊ぶ子どもを眺めながら仕事をしています。一番にこだわったお風呂がお気に入りで朝、夜とゆっくり楽しんでいます。理想以上の形になり、感謝と喜びでいっぱいです。

（Sさん）

建築家のプロフィール

光崎敏正《こうざき としまさ》

1947年生まれ／愛知県一宮市（旧葉栗郡）木曽川町出身／1968年国立豊田工業高等専門学校卒業後、㈱岡整一建築事務所、㈱伊藤建築設計事務所勤務／1976年光崎設計室開設／2000年光崎敏正建築創作所㈲に名称変更／中部建築賞、名古屋市都市景観賞、すまいる愛知住宅賞等受賞

掲載作品へのコメント

表通りから1本入った閑静な住宅街ですが、敷地周囲に空地も多く環境が読みにくかったので、中庭タイプとしました。大きな中庭を確保することは難しかったが、風の通りと陽のあたりに留意しました。中庭を囲んで廻廊のように展開する室内は日々の生活に自然との触れ合いが生まれ、メリハリのある生活が楽しめます。

●光崎敏正建築創作所㈲
名古屋市千種区四ッ谷通1-7 ビレッヂよつや2F
（アクセス：地下鉄東山線本山駅から徒歩1分）
TEL：052-781-5523　FAX：052-781-5524
E-mail：kohzaki_kenchiku@syd.odn.ne.jp
URL：http://www2.odn.ne.jp/~kohzaki_kenchiku/
業務時間（休業日）／9:30－18:00（日・祝、隔週土）
設計・監理料／総工事費の10－12％
住宅以外の設計／共同住宅、事務所、医院等

建築家からのメッセージ

住宅設計で大切にしていること

四季が感じられる家
食事や会話が楽しめる家
風景になる家

家を建てる人へのアドバイス

いい建築をつくろうと思うのではなく、いい生活を送る器とは何かということを考えて欲しい。

私はこんな人です

好きな場所………大徳寺高桐院（京都）
好きな建築………吉島家（高山）
好きな音楽………マーラー
好きな画家………ジョージア・オキーフ
好きな映画………『ベニスに死す』
好きな食べ物……なまこと熱燗、さざえの刺身と白ワイン
愛読書……………時代小説
趣味・特技………映画、旅行、気が向いたら絵を描くこと
建築家をめざすきっかけ………小さい頃より絵を描いたり、身の回りのものをつくるのが好きだった。
ひとこと……………一日は長い、一生は短い

中庭に大きく開かれたリビング

右／リビングは
廻りに建物が建った後も
陽が入るよう吹抜けとした

左上／エントランス、
風の抜ける道でもある
右上／中庭の夜景
右中／奥様の発案で
ダイニングの横にチャイルドルーム、
マットの下はおもちゃ箱
右下／玄関ホール、
鏡の効果で坪庭が2倍に

設計データ

- 敷地面積…264.77 m^2
- 延床面積…215.44 m^2
- 用途地域…第二種中高層住居専用地域
- 構造・規模…鉄筋コンクリート造・地上2F
- 設計期間…2016年1月～2016年7月
- 工事期間…2016年8月～2017年5月
- 施工会社…オオタ建設㈱

パーラーのある家

case 13

高橋泰樹設計室

ノッポハウス

- 家族構成……夫婦
- 所在地……名古屋市昭和区

上／リビング
下／寝室

高橋さんは、友人の家を改修した建築家でした。その家が大好きだった私たちは、自分たちの家を建てようと思ったとき、自然な流れで高橋さんの設計室を訪ねました。結局、土地を探すところから相談にのってもらい、予算は少なく、希望の多い私たちの家づくりに根気強く付き合っていただくことになりました。

高橋さんの設計は、一言でいえば、生活者の視点に立った家づくりということでしょうか。暮らしてみると、窓一つをとっても、その位置や大きさに意図があったことに気付かされます。工事が始まった頃、低い場所にある小さな横長の窓のことを尋ねたら、その窓から食卓に自然な光が映って、食事がおいしそうに見えるという返事が返ってきて驚いたことがありました。家々に囲まれたわが家ですが、外からの視線は気にならないのに、どこにいても柔らかな光や自然な風が入ってきます。高橋さんには、地盤調査の結果や、基礎工事の鉄筋の量に至るまで、その都度、細かく説明していただきました。家の隅々まで知っているという安心感が、私たちの暮らしの根底を支えてくれています。　（加藤さん）

建築家のプロフィール

高橋泰樹 たかはし ひろき

1964年生まれ／長野県出身／1986年名城大学理工学部建築学科卒業／ウシヤマ設計研究室、加古建築事務所を経て、1994年高橋泰樹設計室開設

掲載作品へのコメント

三方を住宅に囲まれた南北に細長い敷地。地区の規制が厳しく、形態制限いっぱいに建っています。風の流れ、光の流れ、人の流れを南北に抜くように設計しました。視線が抜けることで面積以上の広がりを感じる空間になっています。ガレージの上にパーラーと呼ぶ部屋がありますが、ここは車好きなご主人が仲間と集える場所です。

●高橋泰樹設計室
名古屋市名東区藤が丘103-5 西山ビル2Ｆ
（アクセス：地下鉄東山線藤が丘駅から徒歩3分）
TEL：052-778-9511　FAX：052-778-9511
E-mail：info@kanauie.com
URL：http://kanauie.com/
業務時間（休業日）／ 9:00－（基本、日・祝）
設計・監理料／総工事費の10％前後
住宅以外の設計／事務所、店舗等

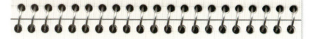

建築家からのメッセージ

住宅設計で大切にしていること

依頼者と敷地の持つ佇まいを大切にして、そこに住む人が、充実した生活ができることを第一に考えています。

家を建てる人へのアドバイス

住宅メーカーなどの商品としての家づくりとは違い、建築家にはある意味、昔の棟梁のようなモノづくりのDNAが生きています。建築家と協働して自分たちの本当の住まいをつくってほしいと思います。

私はこんな人です

好きな建築………軽井沢に吉村順三の設計した脇田和の山荘があって、近年は隣接する美術館の企画でときどき公開されています。ピロティーで持ち上げられ、木立に浮かぶ2階のリビングルーム。この空間はソファに落ち着いても、食卓を囲んでも、キッチンに立つ、窓際に腰かける、どこにいても内と外、壁と窓、それらのバランス感が絶妙です。機会があれば訪ねてみてください。
八ヶ岳の音楽堂は、晩年の建築家の手によって、その絶妙さが大きく結実した建築で、私は大好きです。自然の中、薄い屋根や壁に包まれ、光によって現われる空間。いつか厳冬の雪の中を訪ねてみたい建築です。

ダイニング

右／道路側外観
左／パーラー

設計データ

- 敷地面積…187.39m²
- 延床面積…156.68m²
- 用途地域…第一種低層住居専用地域
- 構造・規模…混構造・地下1F、地上2F（地階：鉄筋コンクリート造、地上：木造）
- 設計期間…2012年7月～ 2013年10月
- 工事期間…2013年11月～ 2014年9月
- 施工会社…㈲エルホーム
- 総工事費…3,300万円

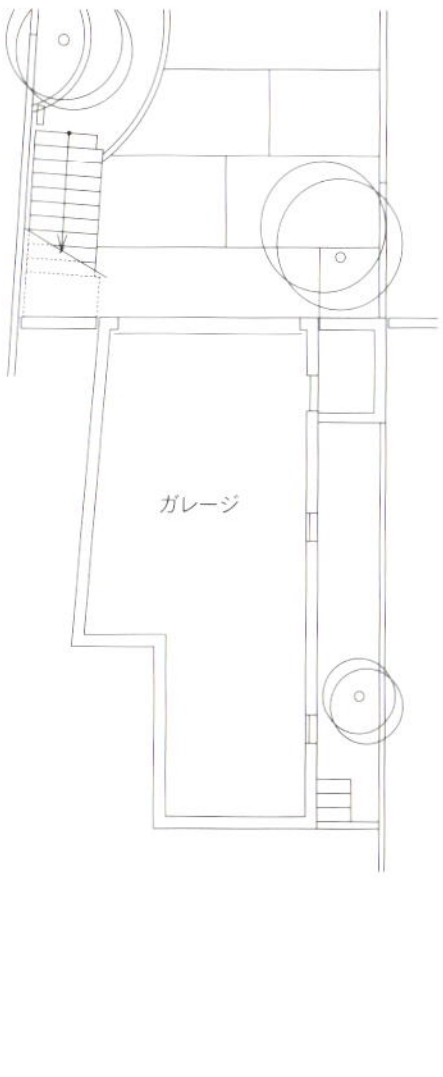

［地階］

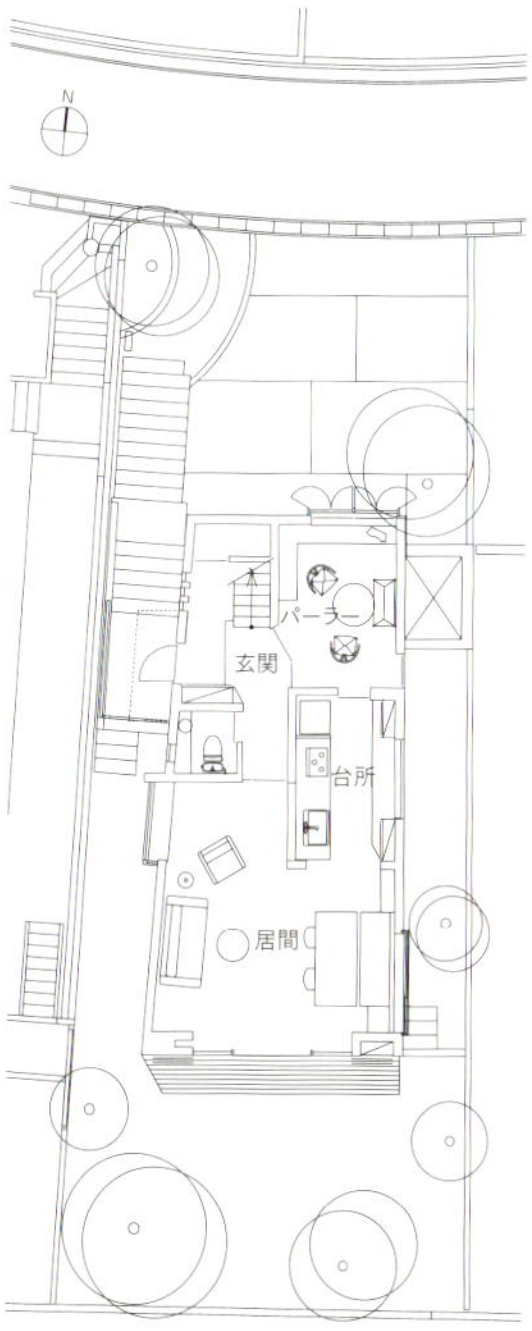

［1F］

［2F］

case 14

山田昌毅建築設計事務所

神沢の家

● 家族構成……夫婦＋子ども3人

● 所在地……名古屋市緑区

狭小変形地でも
スキップフロアでのびのびと

玄関よりリビング廻り

土地探しから始まった家づくり。求める立地条件で予算内で探すと狭小地や変形地ばかり。建物に関しても、決められたものから選択するより、好きなものを選びたい、家族の生活に本当に必要なものだけ取り入れたいと思い、それならば建築家の方の発想にお任せしようとなりました。

山田さんがつくる家は、山田さんらしさはあるものの、家によってまったく雰囲気が違っていました。建て主に寄り添った家をつくる方なんだなと。きっと、私たち家族にあった家をつくってくれるに違いない、そう思ってお願いすることにしました。

家族それぞれのライフスタイルと好み、必要なものを伝え、あとはすべてお任せしました。

そして出来上がったのは、狭小変形地をスキップフロアで有効活用した家でした。外に向かって視線が抜ける位置に大きな窓、建物内は仕切りがないため明るく開放感があります。しかし、薄暗い、篭ったスペースもある。意外と一息つけるのはこういう場所なのだと気がつきました。

家族5人がのびのびと、でも個を大切にできる。ついた傷や生活感さえも個性となる、みんなが等身大で過ごすことができる家だと思っています。

（Kさん）

建築家のプロフィール

山田昌毅《やまだ まさき》

1971年生まれ／名古屋市出身／2002年建築研究所肌色共同設立／2012年山田昌毅建築設計事務所設立／すまいる愛知住宅賞／ダイキンエアスタイルコンテスト優秀賞

掲載作品へのコメント

20坪にも満たない変形狭小地に元気な3人の男の子がいるご家族からの依頼。

そんなご家族がのびのびと暮らせるようにと、リビングを中心にそれぞれの空間が緩やかにつながり、閉塞感のないように構造壁を工夫した、スキップフロアの空間を提案しました。

●山田昌毅建築設計事務所
名古屋市千種区東山元町2-43-105
（アクセス：地下鉄東山線東山公園駅）
TEL：052-782-0820　FAX：052-782-0827
E-mail：info@maya-aa.com　URL：http://maya-aa.com
業務時間（休業日）／ 9:00－18:00（日・祝）
住宅以外の設計／アトリエ、サロン、ギャラリー。住宅を中心としていますが用途は問いません

建築家からのメッセージ

住宅設計で大切にしていること

住まいは、住まい手が育むことで、より良い住まいになると考えています。

暮らす人々について、また周辺の環境、姿について話し合い、時を経るごとに豊かになる住まいづくりを目指しています。

家を建てる人へのアドバイス

豊かな環境を主体的につくる行為です。

私はこんな人です

好きな建築………環境としての建築
好きな音楽………音を意識できる音楽
趣味………………散歩、渓流釣り
建築家をめざすきっかけ……建築が人と環境に関わりつくられると知ったこと

キッチンよりダイニング・洗面・リビング

エントランス外観

上／スキップ階段廻り
下／ダイニングよりキッチン廻り

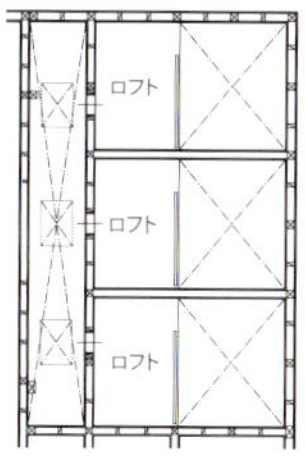

［ロフト］

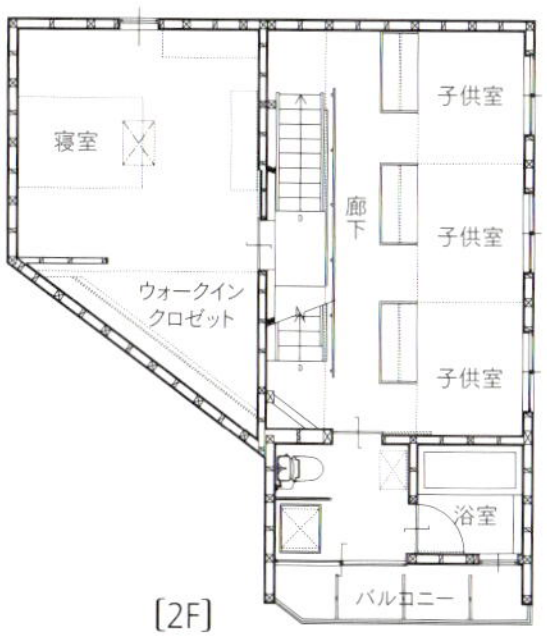

［2F］

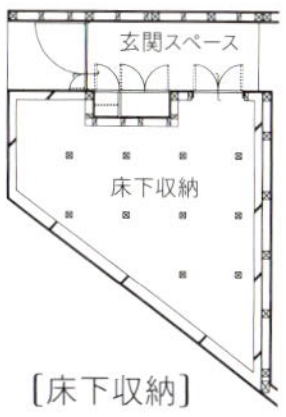

［床下収納］

設計データ

- 敷地面積…57.02 m²
- 延床面積…96.09 m²
- 用途地域…住居地域
- 構造・規模…木造・2F
- 設計期間…2011年12月～ 2012年5月
- 工事期間…2012年6月～ 2012年12月
- 施工会社…服部工務店
- 総工事費…2,000万円

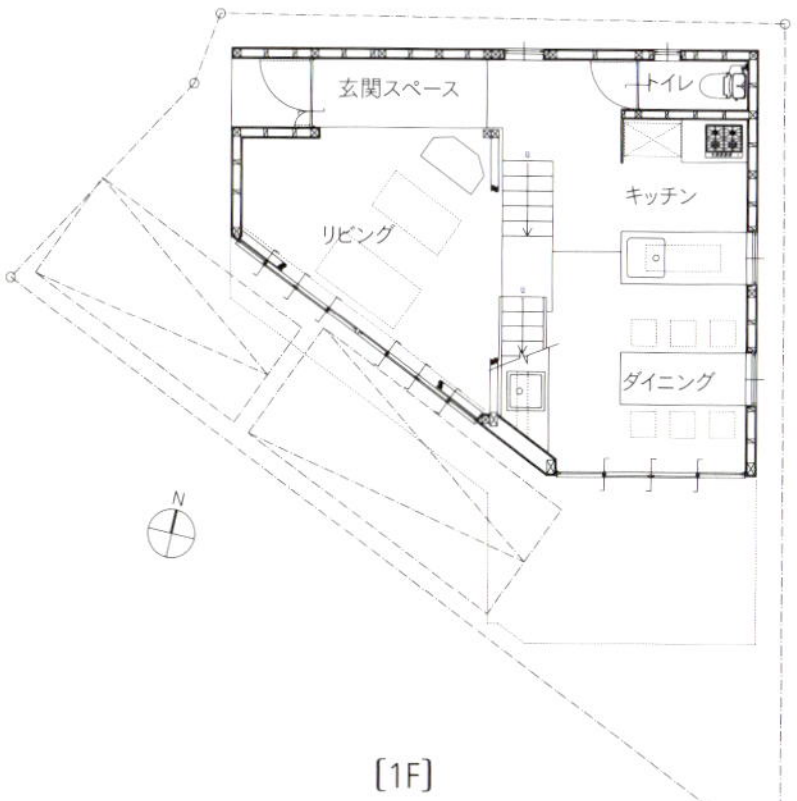

［1F］

土間、工房、愛犬との暮らし…
自分らしいライフスタイルを実現

case 15

川島建築事務所

豊明の家

● 家族構成……夫婦＋愛犬
● 所在地……愛知県豊明市

北側から見るガルバリウムを基調とした重厚感ある外観
（以下すべて、撮影：メイクフォト 水野）

還暦を迎え、夫婦二人のこれからの過ごし方を考えたとき、生涯の大半を過ごす家をライフスタイルに合ったものにしたいと思い、思い切って建て替えることにしました。そして、ちょっと敷居が高いけど設計士さんを探すことにしました。数ある事務所の中で川島建築事務所を選び、訪ねました。予算内で希望の家が建てられるのか半信半疑でしたが、川嶌さんの「建てられますよ」の一言で安堵し、お願いすることにしました。「土間がほしい」「犬と暮らしたい」「料理を楽しみたい」「工房が欲しい」と希望を伝えたところ、提案された設計図が思っていた以上に自分の思いと一致し、驚きました。

玄関を入ると、階段のある土間は開放感がありとても気に入っています。お客さんに「ワァー！どこで靴を脱ぐのですか」と聞かれることが多々あり（笑）、笑顔になられ、上がっていただけます。趣味の工作や陶芸ができる工房は、防水床のおかげで汚れを気にすることなく快適です。犬との生活にも気兼ねがいりません。「建て替えてよかったね」が自然に口にでます。

設計士さんは固いイメージがありましたが、依頼主の心にぬくもりと夢をかなえる素晴らしいお仕事だと思いました。設計士さんに依頼すると設計料が必要ですが、設計の自由度やデザインを考えると納得できるものでした。同じ設計図でも各工務店に入札すると数百万の差があり、ハウスメーカーより安くできたのでは？と思うほど満足しています（笑）。　（Sさん）

建築家のプロフィール

川嶌 守 かわしま まもる

愛知県生まれ／1986年「川島建築事務所」設立／2006年新しいライフスタイルを提案する「K's Gallery」を立ち上げる

掲載作品へのコメント

敷地が道路から1m程高いので、玄関から入った広めの土間に階段を作りアプローチさせています。また、敷地の高低差を上手く利用して2階部分を低くしてあるため、1階から眺めると2階が低くなっており、1階と2階をつないだリビングの吹き抜け空間から感じる抜けの良い開放感のある、風通しも良い明るい住宅になっています。

●川島建築事務所
名古屋市名東区猪子石原3-603（アクセス：地下鉄名城線茶屋ヶ坂駅、栄から名鉄バスにて猪子石原停）
TEL：052-774-8615　FAX：052-773-9052
E-mail：info@mk-arc.com　URL：http://mk-arc.com
業務時間（休業日）／平日9：00－18：00
土・祝10：00－17：00（日）
設計・監理料／総工事費の10％－13％
住宅以外の設計／クリニック、集合住宅、オフィスビル

建築家からのメッセージ

住宅設計で大切にしていること

外観デザインも大事だが、住宅は生活をする場であるため日常の中で機能的でなくてはいけない。しかし機能的過ぎてもつまらなくなってしまうので、常にバランス考えて設計している。

家を建てる人へのアドバイス

家は一度建てたら一般的にはずっと住み続けると思う。若いときに建てたとしても、「終の棲家」であると思っていただきたい。

私はこんな人です

好きな場所………狭い路地など人気のないディープな場所、古い街
好きな建築………旅をしている時にふと出会うごく普通の建物
好きな音楽………60年代、70年代の音楽
好きな画家………海北 友松、長谷川 等伯、伊藤 若冲、絹谷 幸二
愛読書……………小説（特に最近よく読む歴史小説）
宝物………………家族や自分を支えてくれる人達（スタッフ等）
座右の銘…………「学ばずは卑し」
趣味・特技………ギター弾き語り、花、一人旅
尊敬する人物……16年前に亡くなった、大工だった頑固な父
建築家をめざすきっかけ………ある建築家との出会い
ひとこと…………日々自分と向き合って、自問しながら生きること

ドッグランもできる、1階のすべての部屋からつながる広々とした中庭

右／各洋室へとつながるスキップした2階ホール　中／2階とバルコニーへ続くささら階段
左／スキップする広めにとった土間の玄関ホール

目線の移り変わりを楽しめるダイニング

設計データ

- 敷地面積…248.12 m^2
- 延床面積…186.88 m^2
- 用途地域…第一種中高層住居専用地域
- 構造・規模…木造・地上2F
- 設計期間…2015年2月中旬～2015年7月下旬
- 工事期間…2015年9月中旬～2016年3月下旬
- 施工会社…辻創建㈱
- 総工事費…3,600万円

梁・柱をあらわした、
光をたっぷりと取り入れる吹き抜け

緑に包まれた、二つの棟の家

case 16

CO2WORKS一級建築士事務所

長久手の家

● 家族構成……夫婦
● 所在地……愛知県長久手市

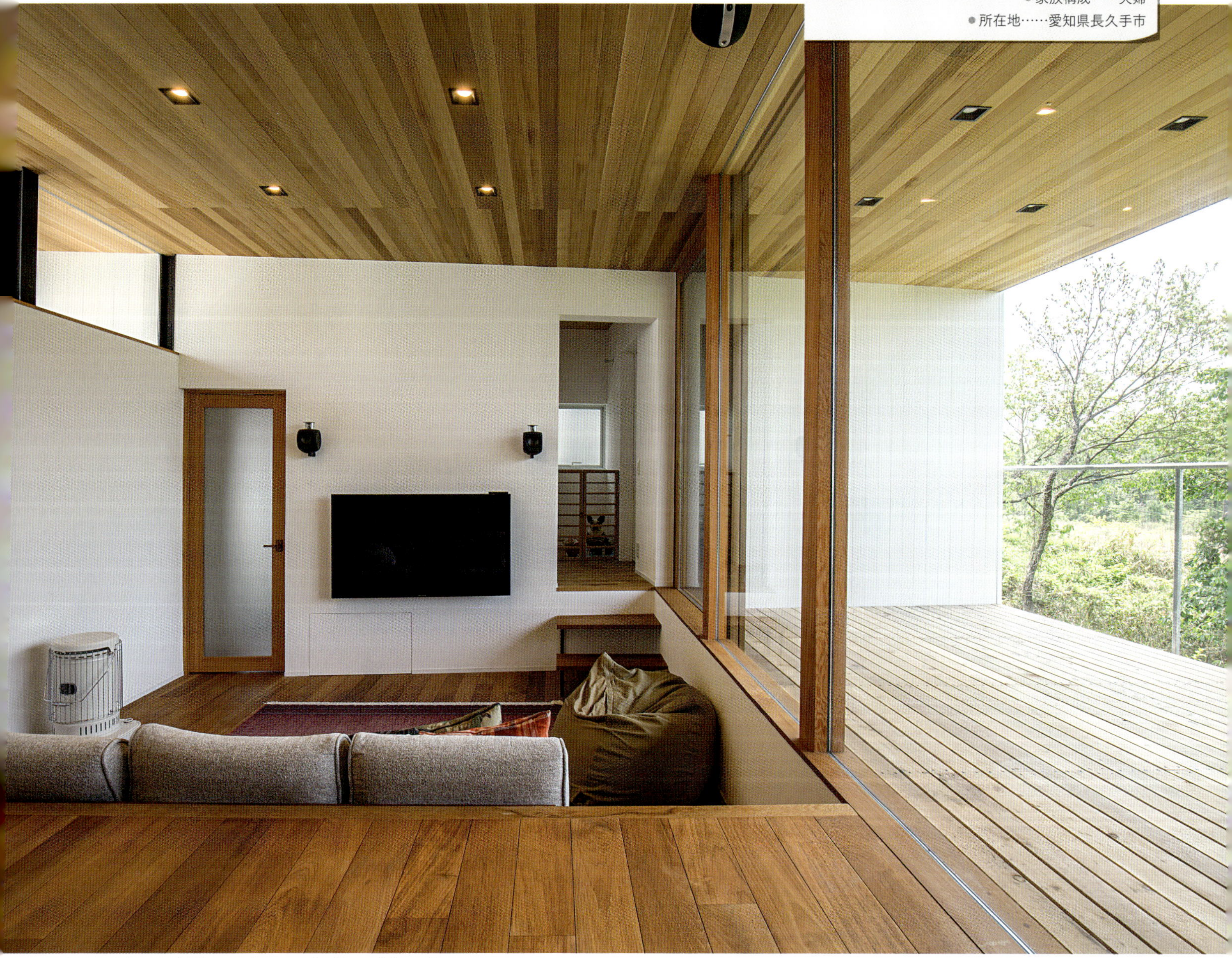

ダイニングよりリビングを眺める。床・テラス・外の緑が一体的につながる

自分の家を建てるにあたって、ハウスメーカーにお願いして周りの家と同じような家を建ててもらうのではなく、とにかく変わった、個性的な家を建てたいと思っていました。とくに強い要望はなく、他の家とは違う、CO2WORKSらしさを、どのような形でデザインしてくれるのだろうか、というのが私の期待でした。たくさんご提案してただいた中から現在の案を選んだ決め手も、二つの棟で真ん中のスペースを挟むという形が他にはないデザインだと思ったからです。

実際に生活を始めると、寝室のハイサイドライトから入る朝の光や、リビングの大きな窓から見る季節の変化など、家の中で天気とか季節がわかる生活ができるので気持ちがいいです。ワークスペースや子ども室は、個人のスペースで落ち着くけれど、完全な個室ではないからリビングの様子もわかります。各々が好きな場所にいることができるけれど、繋がっているように感じることができます。

自然の中で生活することで、都会での仕事とのオンオフがしっかりすることが魅力です。テラスで時間を忘れてぼーっとしたり、それぞれの場所で個人の時間を過ごしたり、この家ならではの暮らしを送っていきたいと思っています。

（Tさん）

建築家のプロフィール

中渡瀬拡司《なかわたせ こうじ》

1977年生まれ／静岡県富士市出身／
2000年愛知工業大学卒業／
2003年CO2WORKS設立／
2011年～愛知工業大学 非常勤講師／
2011年INAXデザインコンテスト／
2013年中部建築賞入選／
2015年すまいる愛知住宅賞／
2016年中部建築賞入選

掲載作品へのコメント

長久手の家は、緑を暮らしに取り入れ、段差によりさまざまな場をつくる住宅です。

細長い左右の棟は、スキップフロアとなっていて、家具と一体となりながら、さまざまな暮らしの場面をつくっていきます。間の空間は手付かずの自然に開かれ、刻々と移り変わる景色を楽しむことができます。

●CO2WORKS一級建築士事務所
名古屋市名東区代万町3-10-1
（アクセス：地下鉄東山線星ヶ丘駅から徒歩12分）
TEL：052-753-8061　FAX：052-753-8061
東京アトリエ|東京都杉並区久我山2-23-7-203
E-mail：moshimoshi@co2works.com
URL：http://co2works.com
業務時間（休業日）／ 9:00－19:00（土・日）
設計・監理料／総工事費の10％
住宅以外の設計／集合集宅、事務所、美容院、飲食店

建築家からのメッセージ

住宅設計で大切にしていること

住宅がその場所と住まう人を結びつけるものになることを大切にしています。

住まう人とその敷地に寄り添った住宅をつくりたいと考えています。

家を建てる人へのアドバイス

「家を建てること」は「家をつくること」です。

「買う」という消費的な考え方は捨てて、つくるという楽しみを持つと良いと思います。

私はこんな人です

好きな場所 .... 銀閣寺の庭
好きな建築 金沢21世紀美術館
好きな音楽.........Mr.Children
好きな画家 .... ピカソ
好きな映画 .... 『ミッション：インポッシブル』
座右の銘.......... 七転び八起き
趣味・特技........ フットサル
尊敬する人物 .... Steve Jobs、本田宗一郎

外観。ニュータウンと市街化調整区域の手付かずの緑の間に立つ住宅

左上／リビングはソファに座ると、緑に包み込まれたような印象となる
左下／テラスから緑を眺める。季節によりさまざまな景色が楽しめる

右上／書斎から寝室を見る。
動線と家具が一体となった空間
右中／子ども室を見る。
床のレベル差によって
さまざまな場所がつくられている
右下／書斎と玄関を見る

設計データ

- 敷地面積…168.24 m²
- 延床面積…105.51 m²
- 用途地域…市街化調整区域
- 構造・規模…木造・地上2F
- 設計期間…2014年8月～2014年11月
- 工事期間…2015年2月～2015年9月
- 施工会社…㈱友八工務店
- 総工事費…3,000万円

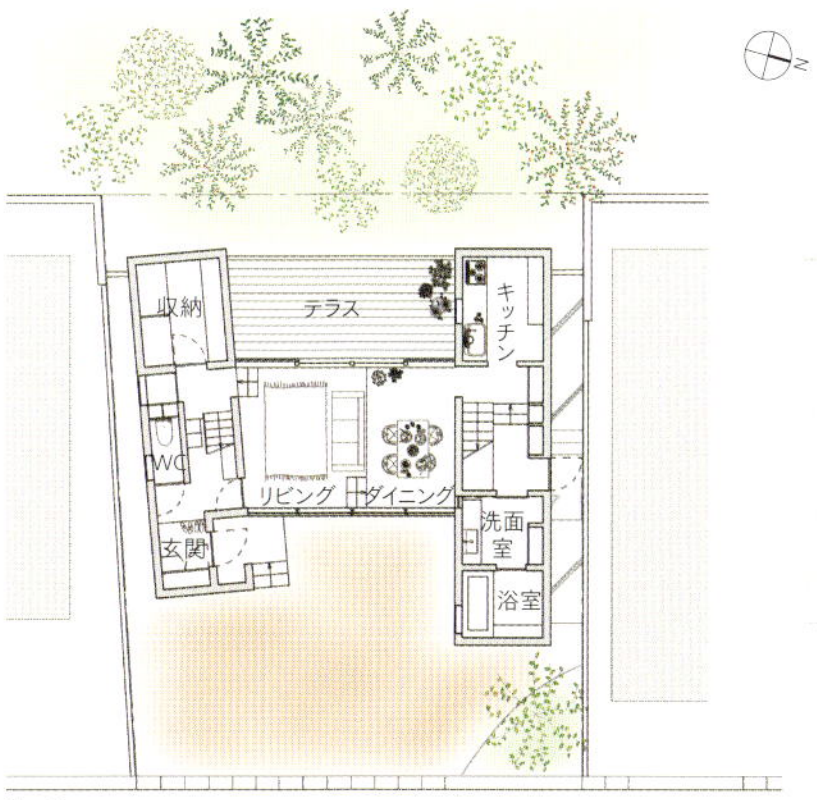

[1F]

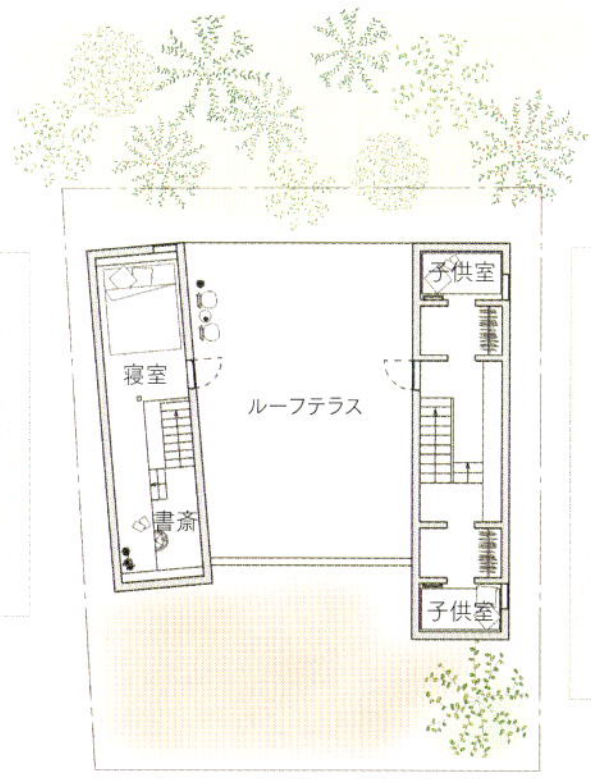

[2F]

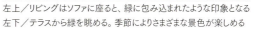

コミュニケーションを大切に家族が楽しく暮らす家

case 17

㈱入江設計室

M邸

● 家族構成……夫婦＋子ども
● 所在地……豊田市

上／鳥瞰（北東より）。白を基調としたシンプルなデザイン。右隣の住宅は、私が30年前に設計したもの
下右／外観（東面）、下左／北面ファサード。装飾を極力はぶいたシンプルでまとまりのある形にしている（以下すべて、撮影：そあスタジオ）

家族のコミュニケーションがとれ、使いやすい、可愛らしい住宅で満足しています。実家とのコミュニケーションも適度にとれて、家族団欒を楽しむことができます。（松本さん）

建築家のプロフィール

入江 理《いりえ おさむ》
1949年生まれ／名古屋市出身

掲載作品へのコメント

若い人が住む家なので、できるだけ開放的で家族が楽しく暮らせる住宅を求めた。また、できるだけシンプルで可愛いデザインでつくりたかった。

●㈱入江設計室
名古屋市昭和区五軒家町24-1
（アクセス：地下鉄鶴舞線いりなか駅から徒歩7分）
TEL：052-834-6400　FAX：052-834-6410
E-mail：otegami@irie-designhouse.com
URL：http://www.irie-designhouse.com/
業務時間（休業日）／ 9:00－18:00（土・日）
設計・監理料／総工事費の10％
住宅以外の設計／事務所、店舗、診療所、工場

建築家からのメッセージ

住宅設計で大切にしていること

①自然との共生（光、風をうまく取り入れる）
②本物志向（できるだけ本物の材料を使う）
③暮らしやすさ（家族が楽しく暮らせる動線、空間をつくる）
④デザイン（シンプルであきのこないデザイン）

家を建てる人へのアドバイス

最近、ネットなどで個々の情報が得やすくなり、知識が深くなってきたクライアントが多いのは良いことですが、木を見て森を見ずということも多いです。われわれ専門家は双方のバランスを取りながら、観て設計を行なうので、できるだけ専門家に任せる方が良いのではないでしょうか？

私はこんな人です

好きな場所………自宅
好きな建築………ル・コルビュジェ、吉村順三
好きな音楽………クラシック
好きな画家………クロード・モネ、レンブラント
好きな映画………最近は特に観ない
好きな食べ物……ステーキ、ジビエ料理
愛読書……………推理小説
宝物………………W108、280Sという1971年製のベンツ
趣味・特技………バイオリン、ラジコン（ヘリ、飛行機）
尊敬する人物……吉村順三
ひとこと…………物づくりが好き

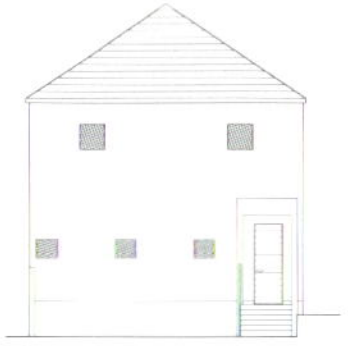
［北立面図］

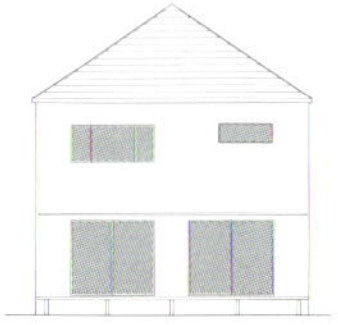
［南立面図］

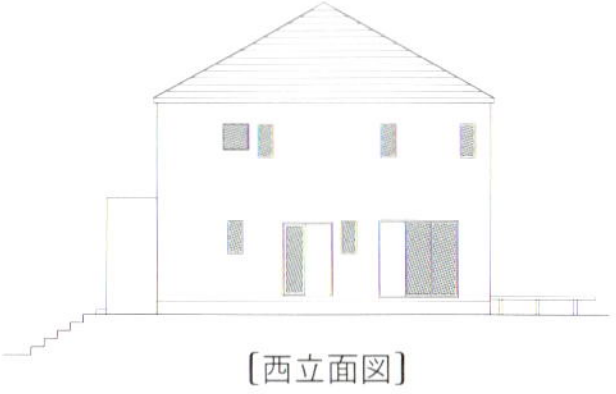
［西立面図］

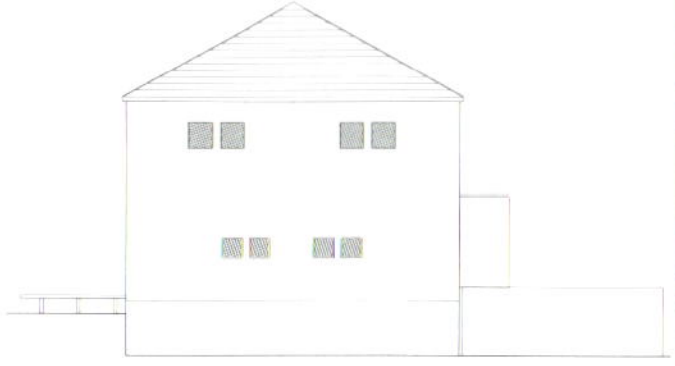
［東立面図］

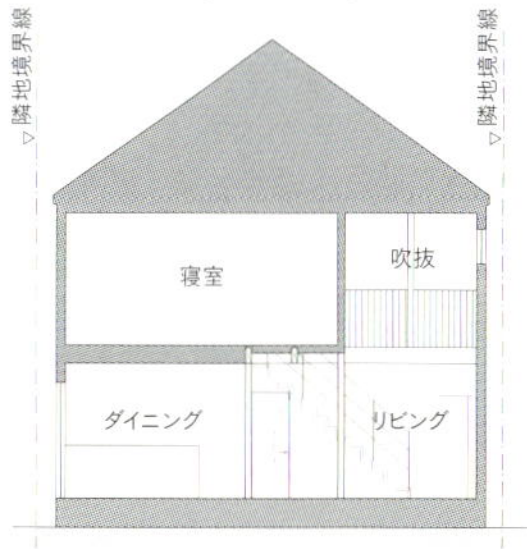

［断面図］

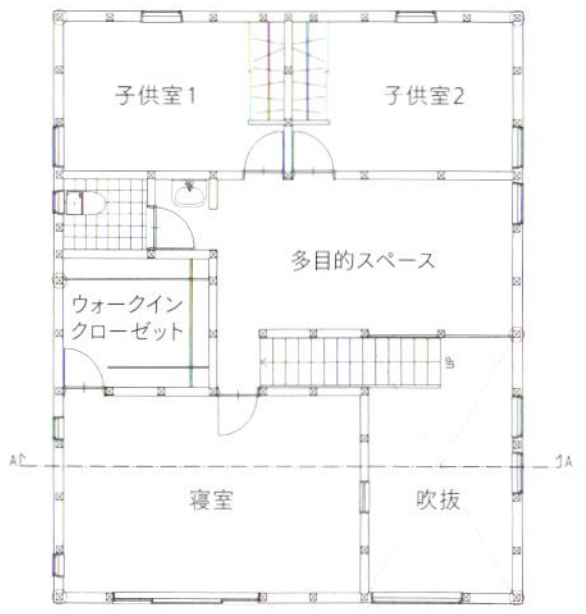

［2F］

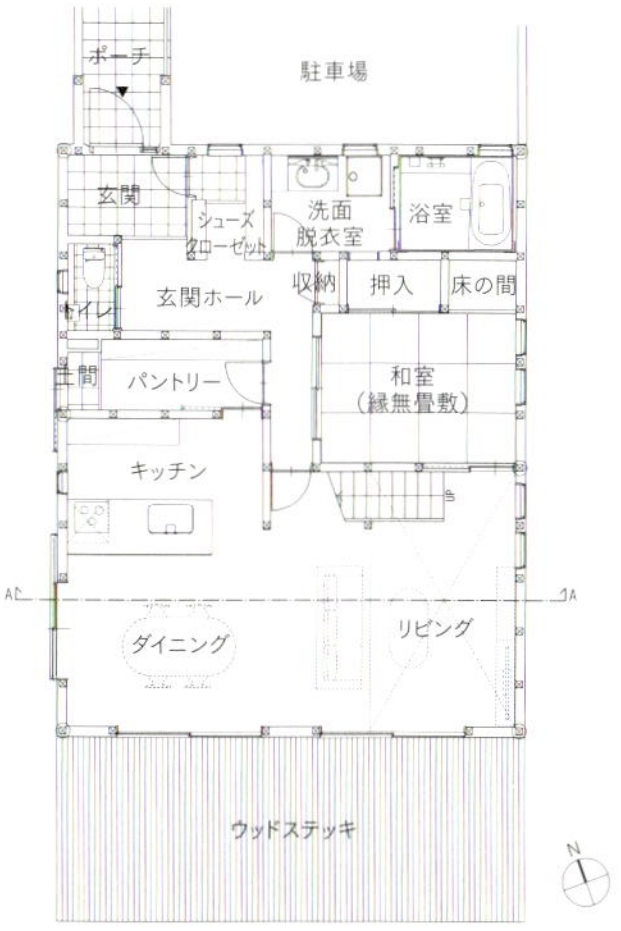

［1F］

上／リビング吹き抜け。光や風が通る見晴らしの良い気持ちのよい空間に
中／ダイニングキッチン。ダイニングからリビングを見る
下／2階ホール。広々とした空間で、子どもの遊びスペースに

設計データ

- 敷地面積…177.98m²
- 延床面積…152.91m²
- 用途地域…第一種中高層住居専用地域
- 構造・規模…木造・地上2F
- 設計期間…2013年9月～2014年4月
- 工事期間…2014年5月～2014年10月
- 施工会社…天龍木材工業㈱
- 総工事費…3,000万円

キーワードは、「木」と「温かみ」!
人生の一部としての家を求めて

case 18

MRL設計室

ごく「普通の家」への想い──N邸

- 家族構成……夫婦（30代）
- 所在地……名古屋市緑区

東面全景：外壁カラーは、クライアント好みのプルシャンブルー

憧れのマイホームは、木造で温かみのある家がいい!という思いがあり、知り合いからの紹介でこちらの設計事務所にお願いしました。

親身になって家づくりのアドバイスをひとつひとつ丁寧にしてくださり、知識ゼロの私たちでも空間をむだなく使う工夫が盛りだくさんの設計をしていただきました。

いざ基礎造りから始まり、木の柱や梁が組み立てられていく様子を日々わくわくしながら見守り、大満足の家が完成しました。

それにしても、ローコストでよくここまで…。感謝しています。

全体的に木の雰囲気に包まれて生活している感覚で、ゆったりくつろげます。お客さんを呼ぶとみんな、「落ち着くねぇ～」との声。

扉が引き戸なので、開け放つと廊下や各部屋が一体化し、自由に行き来することができて開放感があります。

とくにリビングとダイニングキッチンのつながりは広々と感じられて、料理をしながらでもリビングを見渡すことができ、常に家族のつながりを感じられるのが嬉しいです。

これから、この家とともに年月を重ねていく…。人生の一部としての家の温かみを日々感じています。

（中新さん）

建築家のプロフィール

伊藤博樹《いとう ひろき》

1953年長野県生まれ／1972年名古屋市立工芸高等学校建築科卒業／1972年～1978年YAG美術研究所でデッサンを学ぶ／～1983年まで設計事務所勤務／1984年MRL設計室開設

掲載作品へのコメント

閑静な住宅街の角地。周りの環境が変わっても快適さを維持したいとの思いで、採光、通風、その他諸々は道路側を基本に考えた。

内部は落ち着きや肌触りの良い材料を選定。部屋への入り口は全て引込戸、普段は開け放ち使用。回遊もでき廊下と一体となる空間とし、開放感をもたせた。

●MRL設計室
名古屋市瑞穂区駒場町6-9 ナカノ瑞穂ビルＷ２Ａ
（アクセス．地下鉄桜通線桜山駅）
TEL：052-841-6731　FAX：052-841-6732
E-mail：mrl@luck.ocn.ne.jp
URL：http://www.mrl-arc.jp
業務時間（休業日）／ 9:30－20:00（日・祝）
設計・監理料／その都度相談による
住宅以外の設計／商業施設、オフィスビル、集合住宅

建築家からのメッセージ

住宅設計で大切にしていること

建て主と折り合うところはどこかを「見極める」こと。そして、建物の将来像と、飽きのこないようにするにはいかにしておくべきかを考えて、計画しておくことです。

家を建てる人へのアドバイス

普段どおりの自然体で、ムリをしないこと。肩の凝らない、背のびをしすぎない、ごく「普通の家」という想いで、住み家づくりをめざせば良いと思います。

私はこんな人です

好きな場所………家（自宅）
好きな建築………シーランチ、小篠邸
好きな音楽………フレンチポップス
好きな画家………アンドリュー・ワイエス
好きな映画………『冒険者たち』、『マトリックス』
好きな食べ物……旬の野菜、ラム肉
愛読書……………エッセイ（椎名誠さんなど）
宝物………………現場で見つけた小石やカケラ
趣味・特技………路地裏散歩、読書、流星観察
建築家をめざすきっかけ………子どもの頃、大工さんや建具屋さんになり、外国で日本建築や障子を広めるのが夢でした。ところが、構想を描きすべてをまとめる、設計者という道があることを知り軌道修正。それが15歳の時でした。
ひとこと……………いまだ、『新大陸発見』めざし漂流中。

左上／廊下（書斎側）：
空間は、木の梁を露出、壁はシナ材
左下／玄関ホール：
狭い所をいかに広々と感じさせるかが僕のポリシー

右上／L＋D.K：
引込戸で開放感
右下／廊下（アトリエ側）：
小さいけれど、心地よい場所ですとクライアント

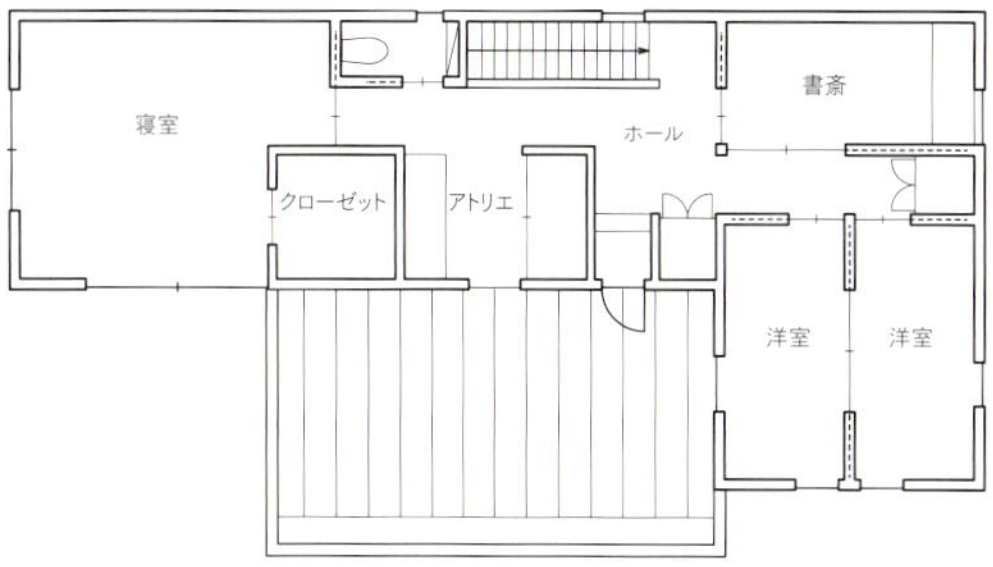

〔2F〕

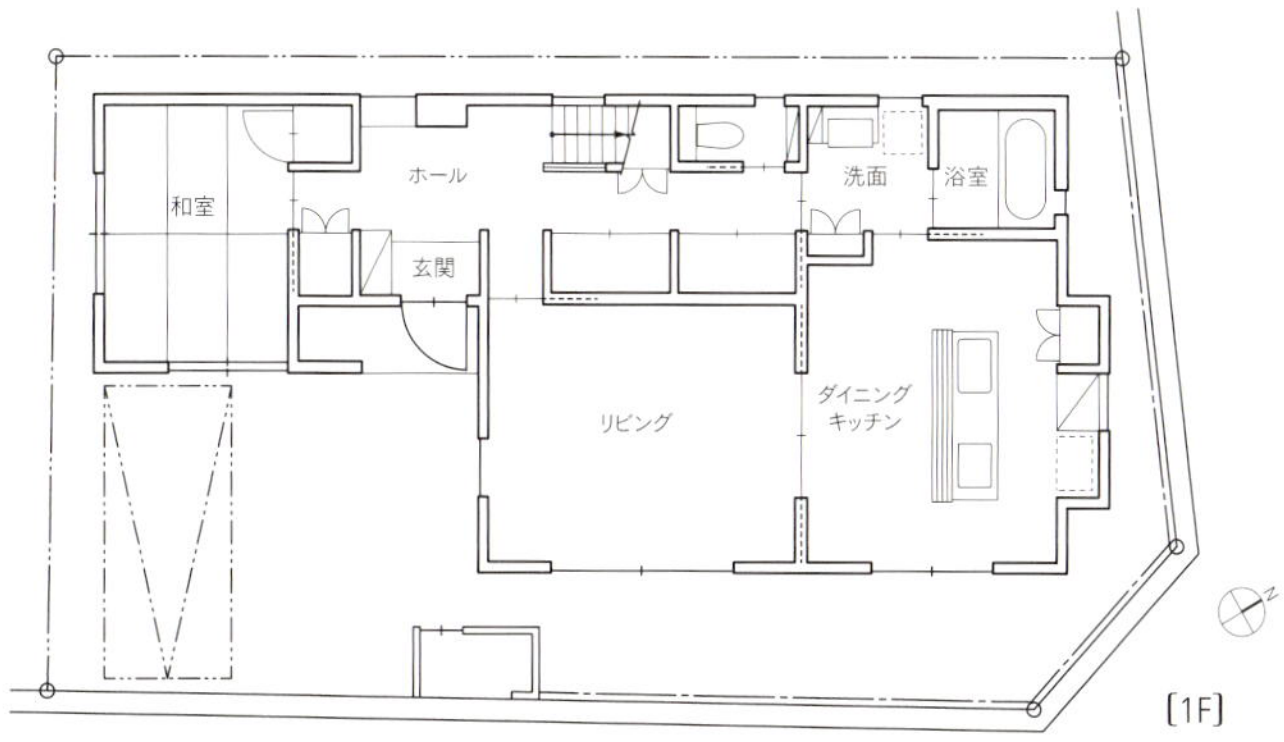

〔1F〕

設計データ

- 敷地面積…135.42㎡
- 延床面積…133.30㎡
- 用途地域…第一種中高層住居専用
- 構造・規模…木造（在来工法）・地上2F
- 設計期間…2015年11月～2016年4月
- 工事期間…2016年7月～2016年12月
- 施工会社…湯本建設㈱
- 総工事費…2,500万円

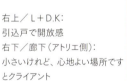

case 19

森建築設計室

木立に暮らす家

- 家族構成……夫婦＋ペット
- 所在地……名古屋市千種区

タイル貼りのテラスは、腰掛けられる高さに（以下すべて撮影：車田写真事務所）

緑を楽しみ、緑を育てる家

森先生との出会いはご縁でした。犬の散歩途中、「素敵だな」と見とれてしまうお宅と出会いました。とても大きな木製の窓とデッキが何ともやわらかく、晴れた日には新鮮な緑を一杯に感じるであろうお宅でした。結婚式を挙げた軽井沢を思い浮かべました。

一生の事と、思い切って呼び鈴を押し、設計された方をご紹介いただいたのが始まりです。

実際に森先生にお会いしてみると、想像した通りの感性をお持ちで、話しやすく、実直な人柄にも惹かれて是非ともと、お願いさせていただくことにしました。

設計過程では、楽しいながらも選択の迷宮に迷い込むことも何度かありましたが、森先生は辛抱強く私たちの意向を掬い上げながら、調和の取れた設計をしてくださいました。終の住まいをお願いできる方です。工務店との出会いにもとても感謝しています。こちらが思っている以上に丁寧に仕上げてくださいました。

気持ちのよい家となり、非常に満足しています。休日は庭の手入れをして過ごすことが多いのですが、通りがかった方からよいお宅ですね、とお誉めの声をかけていただくことが度々あります。これからも愛情をかけて、家を育てていきたいと思います。

（Tさん）

建築家のプロフィール

森 哲哉《もり てつや》

1961年生まれ／愛知県出身／1985年法政大学工学部建築学科卒業／1987年同大学院修士課程修了／1987年～1995年槇総合計画事務所／1996年森建築設計室を設立／

掲載作品へのコメント

敷地は、猫ヶ洞池に面した公園に近く、南と西に接道した良好な環境にあります。
また、向かいの敷地には桜の木が植えられており、居間からお花見も楽しめます。
周辺の緑を楽しみ、また自ら緑を育てることから「木立に暮らす家」としました。

●森建築設計室
名古屋市天白区植田本町2-812-1
（アクセス.地下鉄鶴舞線植田駅から徒歩12分）
TEL：052-807-3205　FAX：052-807-3206
E-mail：tcmori@wg7.su-net.ne.jp
URL：http://www.t-mad.com
業務時間（休業日）／ 9:00－18:00（不定休）
設計・監理料／総工事費の約10％
住宅以外の設計／医院、店舗

建築家からのメッセージ

住宅設計で大切にしていること

建築には様々な可能性や選択肢があります。

土地の魅力を活かし、話し合いの中から手掛かりを見つけ、その場に相応しい空間を造りたいと思います。

家を建てる人へのアドバイス

家づくりは生き方を考えること。住む人そのものでもあります。専門家として適切なサポートを心掛けています。

私はこんな人です

好きな場所 …… 生き生きと人が暮らす街、美味しい料理とお酒のあるところ
好きな建築 …… 八ヶ岳高原音楽堂、牧野富太郎記念館、ラルフ・アースキンの自邸
好きな音楽 …… ジャズ、ボサノバ、クラッシック
好きな画家 …… クレー、クレモニーニ、オノサトトシノブ
好きな映画 …… フランス映画（特にトリュフォー）
好きな食べ物 …… 和食、イタリアン
愛読書 …… ユーパリノスと丸山圭三郎の著書
宝物 …… 家族
座右の銘 …… 不易流行、犬馬難鬼魅易、街は大きな家
趣味・特技 …… 散歩、旅行、音楽、クラシックギター
尊敬する人物 …… 恩師
建築家をめざすきっかけ …… 落水荘の写真を見て
ひとこと …… 夢の実現に立ち会えれば幸いです。

上／窓からは庭の緑が一望できます
中右／2階のオープンな空間に書斎を設けています
中左／眺めを阻害しないように木製サッシを納めました
下／庭には季節感のある木々や草花を植え、背後には公園の緑が望めます

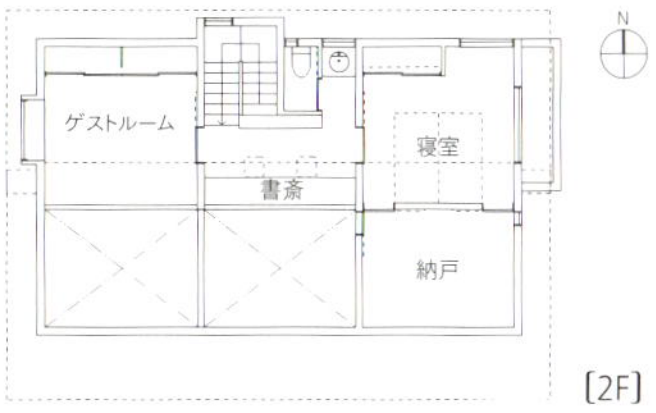

［2F］

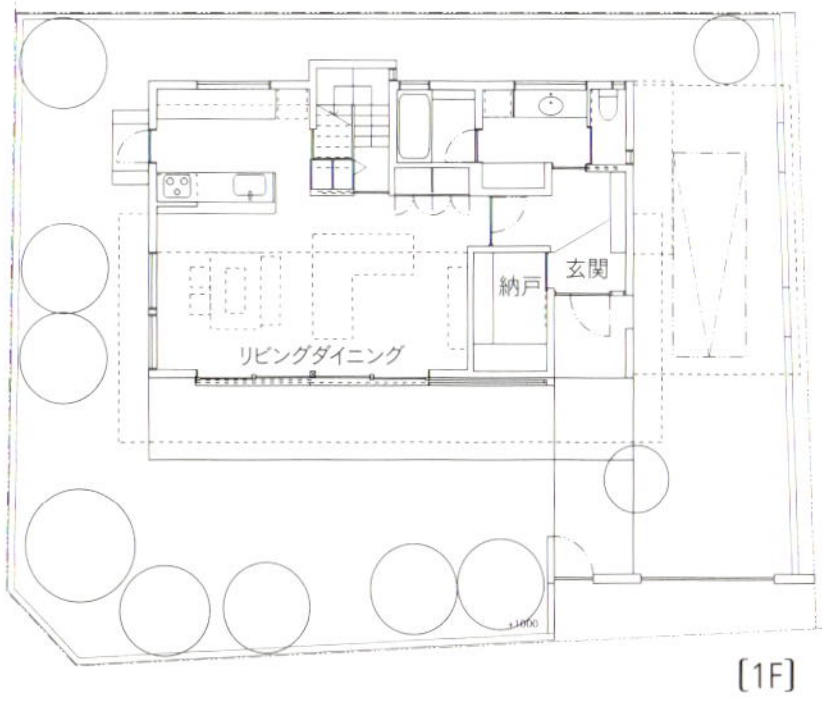

［1F］

設計データ

- 敷地面積…254.58m²
- 延床面積…120.91m²
- 用途地域…第一種低層住居専用地域
  風致地区
- 構造・規模…木造・地上2F
- 設計期間…2016年2月～2016年6月
- 工事期間…2016年7月～2017年3
- 施工会社…吉冨工務店㈱
  植栽／りゅうご装飾店
- 総工事費…約3,500万円
  地盤改良、外構を含む

case 20

空間設計aun

寄り添って暮らす家

● 家族構成……夫婦＋子ども2人
● 所在地……愛知県江南市

内部：さまざまなシーンが緩やかに繋がる（以下すべて撮影：車田写真事務所）

家族や自然との「つながり」を感じて暮らす

私たちが、家づくりで大切にしたかったのは「つながり」です。毎日、家族が顔を合わせ「つながり」を感じて暮らしたい。そんな想いで家づくりがスタートしました。

週末には、モデルルームなどをめぐりましたが、どうしても、メーカーの家はプランに制限があるため、小さな空間で区切られており、希望に沿う家がみつけられない。

そこで、以前から知り合いの宮崎さんに相談することにしました。

宮崎さんは、「人を豊かにする」コンセプトで家づくりを進めています。家づくりの主役は、あくまでも住み手です。

具体的なイメージを伝えきれない私たちに対して、親身になって提案されたプランは、暮らしの動線を考えダイニングを中心に配置。リビング・キッチン・ワークスペースが一つにつながる区間です。私たちの希望である、家族を感じながら暮らすことが実現しました。

とくに気に入っている点は、南北の大きな三角窓。大きな窓と吹き抜けにより立地条件以上の明るさと解放感があり、自然との「つながり」もあり、季節を感じながら気持ちよく暮らすことができます。

建築家と一緒に家を建てるメリットは、家づくりのイメージをより具体的に広げ実現できるプランを提案してくれる点です。

プラン設計から竣工まで、1年ほどかかりましたが、それに見合った良い家ができたと思います。この家と大切に暮らし、子どもにも「つなげて」いける家となりました。

（Oさん）

建築家のプロフィール

宮崎晋一《みやざき しんいち》

1967年生まれ／名古屋市出身／1990年名城大学理工学部建築学科卒業／2003年空間設計aun設立／2008年愛知産業大学非常勤講師／住まいのリフォームコンクール優秀賞、LIVING DESIGN PHOTO CONTEST準グランプリ、TANITA GALVA コンテスト特別賞

掲載作品へのコメント

人と自然、人と人が寄り添って暮らせる住まいを目指しました。

緑をどの窓からでも眺められるような建物の形態とし、内部はひとつの大きな空間の中で、お互いの存在を感じながら家族それぞれが好きなことのできる住まいです。

●空間設計aun（アウン）
名古屋市緑区神沢1-2214
（アクセス：地下鉄桜通線神沢駅）
TEL：052-700-4284　FAX：052-700-4284
E-mail：info@aun-sd.com
URL：http://www.aun-sd.com
業務時間（休業日）／ 9:00−18:00（日・祝 ※打合せには応じます）
設計・監理料／総工事費の10％程度（床面積に応じて算定）
住宅以外の設計／店舗、クリニックなど

建築家からのメッセージ

住宅設計で大切にしていること

建て主から信頼されるパートーナーになることです。

住む人の立場になって、言葉にできない想いを読み取り、家づくりを通して“あ・うんの呼吸”でつきあえる関係を築いていきたいと考えています。

家を建てる人へのアドバイス

具体的な要望をたくさんあげるより、漠然としたイメージで「こんな暮らしをしたい」と伝えた方が、想像もしていなかった提案が出てきたりして、家づくりが楽しくなると思います。

私はこんな人です

好きな場所………北欧
好きな建築………吉村順三「軽井沢の山荘」
アルヴァ・アアルト「マイレア邸」
ピーター・ズントー「聖ベネディクト教会」
好きな映画………宮崎駿作品
好きな食べ物……甘いもの
宝物…………………家族
趣味・特技………旅行、スキー
建築家をめざすきっかけ………センスのいいデザインや、気持ちのいい空間に出会ったときとてもワクワクします。そんな時に「建築が好きなんだ」と実感して
ひとこと……………住んでいるうちによさがつたわり、愛着をもって長く住んでもらえる家をつくり続けていきたいと思います

左上／通り土間：
外部と内部をあいまいに繋ぐ
左下／夜景：
家族の団欒が街に溢れる

右上／アプローチ：
街に楽しさとゆとりを与える
右下／ダイニング・キッチン：
自然を生活に取り込む

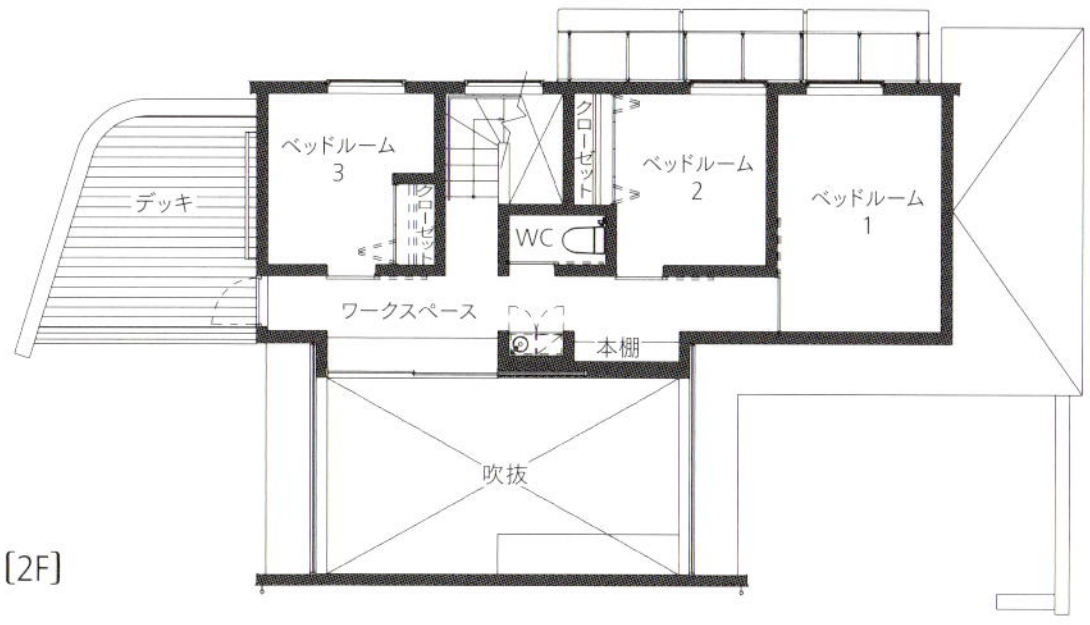

設計データ

- 敷地面積…202.23 m^2
- 延床面積…116.57 m^2
- 用途地域…第一種住居地域
- 構造・規模…木造・地上2F
- 設計期間…2010年8月〜2012年3月
- 工事期間…2012年4月〜2012年12月
- 施工会社…竹内建設㈱

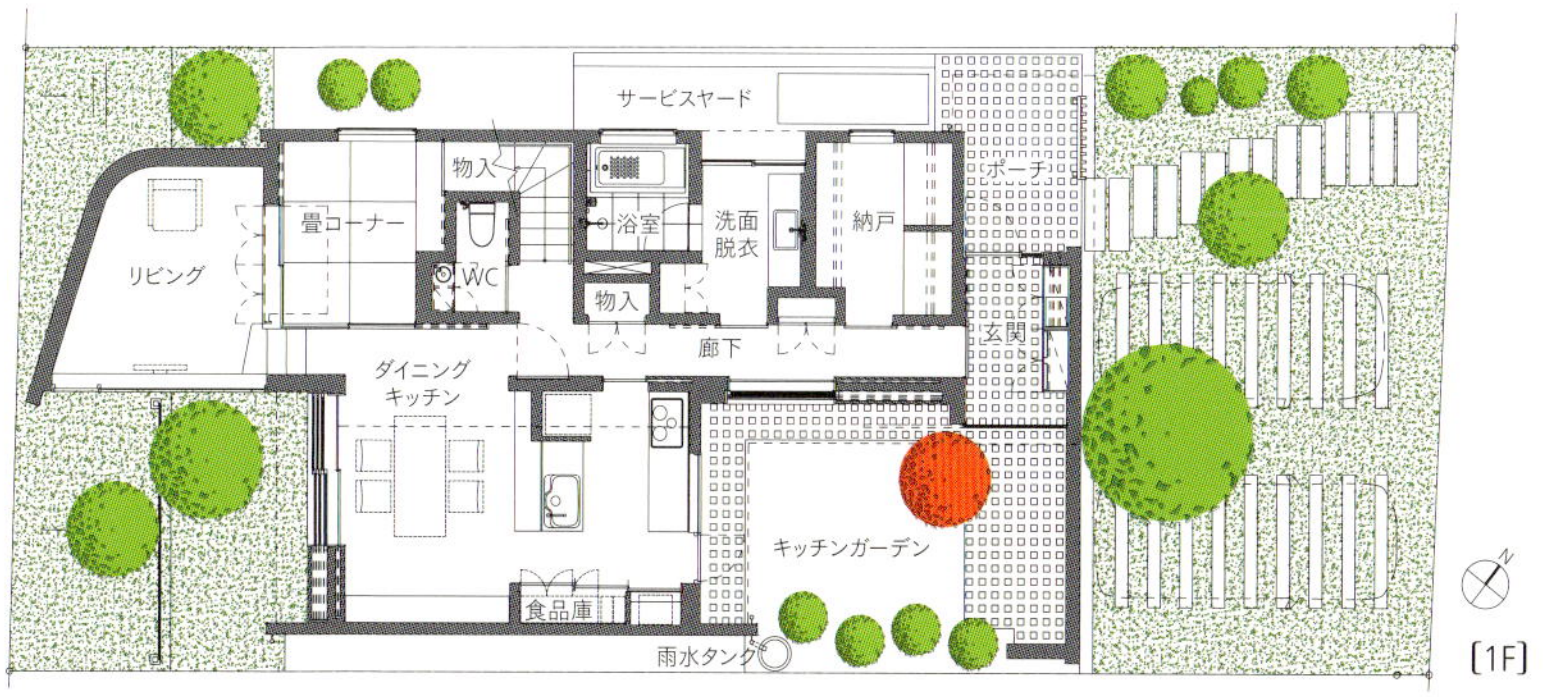

健康にも配慮した
三つの庭が四季を運ぶ家

case 21

梶浦博昭環境建築設計事務所

和光の家

- 家族構成……夫婦＋子ども2人
- 所在地……岐阜県羽島市

周辺環境に溶け込む落ち着いた佇まい（以下すべて、撮影：APERTOZERO）

住んでいた社宅の取り壊しが決定し、子どもたちが安心して暮らせる実家近くに、新しい家を建てるという選択をしました。

ハウスメーカーをめぐりましたが、某大手ハウスメーカーの営業さんのペースで話が進み、「何かが違う」という感情が芽生えました。そこで、建築士さんにも相談してみようと思いました。

梶浦先生にお会いしたきっかけは、知り合いの紹介でした。梶浦先生のお話を聞くにつれて、気持ちが軽くなったと同時に安心感が生まれました。先生の温かいお人柄と、環境と共存できる住まい、そして何より私たちのマイホームが具現化すると確信が持てました。

社宅で暮らしていたときは、家族４人が喘息でした。とくに長女は内服薬・吸入が欠かせませんでした。そのことにも共感していただき、健康な木の住宅で、目に見えない壁にも配慮してくださったおかげで、今では家族全員健康に過ごしています。

東西の中庭を通じて家族も一体化し、プライバシーが守られ、子どもの成長に合わせた変化ができ、それぞれの趣味が生かせる家が完成しました。四季の変化を感じながら住まう贅沢な時間が持てたのは、本当に先生のおかげだと思っています。最高の終の棲家が持てました。本当にありがとうございました。

（Tさん）

建築家のプロフィール

梶浦博昭《かじうら ひろあき》

1970年福井県生まれ／1995年吉柳満アトリエ入所／2001年梶浦博昭環境建築設計事務所設立／2015年住まいのリフォームコンクール 国土交通大臣賞 ／2017年EuroShop//JAPAN SHOP Award優秀賞

掲載作品へのコメント

出迎えの「前庭」、食事を楽しむ「テラスコート」、茶室に面した「中庭」、三つの性格の違う庭が違う光を、違う風を、違う季節を運んでくれる。

●梶浦博昭環境建築設計事務所
愛知県一宮市北方町北方字狐塚郷45-1
（アクセス：JR東海道本線木曽川駅）
TEL：0586-86-8436　FAX：0586-87-3373
E-mail：kajiura-architect@fine.ocn.ne.jp
URL：http://kajiura-a.com
業務時間（休業日）／ 9:00−18:00（不定休）
設計・監理料／総工事費の8−10%
住宅以外の設計／商業施設、福祉・医療施設、寺院、一般建築

建築家からのメッセージ

住宅設計で大切にしていること

家族それぞれ独自の生活観があります。その生活観にあった空間において、時の移ろいや季節の変化が感じられる住まいを提案します。自分らしい住まいの可能性を共に探りましょう。

家を建てる人へのアドバイス

自分の住まいたい空間を言葉にするのは難しいことだと思います。建て主が表現しきれない、でも本質的に持っている考えや欲求を探し出し、期待以上のものを創っていければと考えています。

私はこんな人です

好きな場所………海、山
好きな建築………明快な構造性をもっている建築
好きな音楽………環境音楽
好きな画家………片岡球子
好きな映画………『THIS IS IT』
好きな食べ物……蕎麦
宝物………………家族
趣味・特技………プチ旅行
尊敬する人物……両親
建築家をめざすきっかけ………空間体験を通じて
ひとこと…………建て主との対話を大切にし、環境に調和した豊かな建築を提供しています

LDKに2つの中庭が寄り添う

右／和室の格子建具を開放して一体空間
左／上部の障子から穏やかな光が降り注ぎます

右／優しくお迎えするアプローチ
左上／テラスコートを眺める
左下／サニタリーから濡縁を通り和庭の洗濯干場へ導線確保

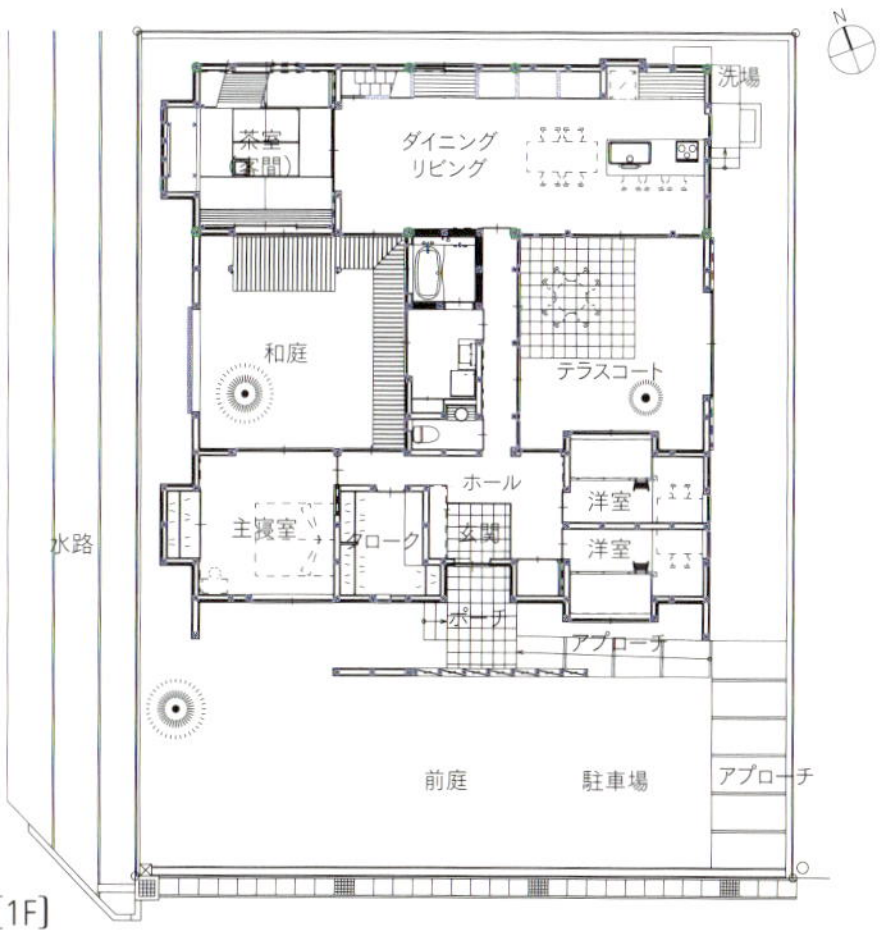

［1F］

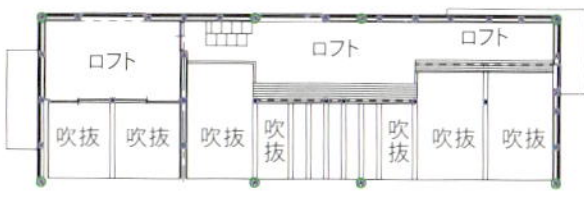

［ロフト］

設計データ

- 敷地面積…374.00m²
- 延床面積…146.83m²
- 用途地域…市街化調整区域
- 構造・規模…木造・地上1F
- 設計期間…2012年1月～2012年7月
- 工事期間…2012年8月～2013年3月
- 施工会社…誠和建設㈱

シンプルをテーマに
庭を残して実家を新築

case 22

㈲タクト建築工房

両郷町の家

●家族構成……夫婦＋子ども2人
●所在地……愛知県一宮市

118度に開く南面。大きく跳ね出した屋根は外壁を汚れから守る

訳あってこれまで暮らしていた住まいを立ち退き、空き家となっていた実家に引っ越すこととなり、建築設計事務所を主宰する義兄の谷さんに相談しました。まずは、耐震診断や建物調査をしてもらい、その調査の結果を踏まえて大改修も検討をしたのですが、費用もかさみ家族の意見も建て替えの希望が強かったので、結局新築することになりました。移転するまでの時間はとても限られていて慌しい日程でしたが、義兄を信じ、何とか頑張ってもらいました。

シンプルなデザインは義兄たち建築設計事務所側からの提案ですが、来訪する皆さんからは好評のようです。118度に開いたキッチンは広くて動きやすく便利に使っています。縁側の土間やシューズコーナーなど、住み始めてから便利さに気づいたりしています。階段の上の窓には私が趣味で作ったステンドグラスをはめてもらいました。義兄達はステンドグラス作家の作品をと目論んでいたようですが、それは譲れませんでした。生まれ育った家は無くなってしまいましたが、庭や蹲(つくばい)や門からのアプローチの一部を残し、新しい家の一部にプランしてくれたことが、義兄らしいなと思っています。

（M・Oさん）

建築家のプロフィール

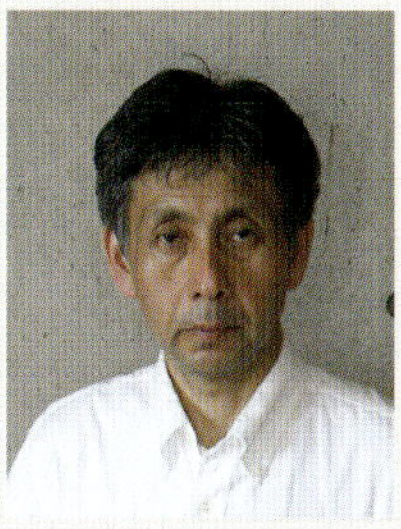

谷 進《たに すすむ》

1954年愛知県一宮市生まれ／1988年タクト建築工房開設／1991年法人組織に改組、今に至る／1997年～なごや福祉用具プラザ住宅相談担当／1998～2004年日本福祉建築専門学校非常勤講師／1996～2004年JIA愛知地域会「人にやさしい街づくり研究会」参加／2000年～JIA愛知地域会「保存研究会」参加

掲載作品へのコメント

バス通りと国道が交差する角地の台形敷地。バスからの視線を遮るよう建物を配置し、敷地の台形に合わせて118度の曲がり家とした。門とアプローチを南に移動し、蹲(つくばい)のある庭は温存させた。建物内外ともにシンプルをテーマとし、仕上げ材の種類を減らし、天井までの建具を採用し、建具枠も最小限・最小値に留めた。

●(有)タクト建築工房
愛知県一宮市藤塚町3-3-1（アクセス：JR東海道本線尾張一宮駅より名鉄バス一宮江南線 浜町5丁目バス停から徒歩2分）
TEL：0586-24-0688　FAX：0586-24-1168
E-mail：info@takt-atelier.com　URL：http://takt-atelier.com
業務時間（休業日）／9:00－18:00（日、年末・年始）
設計・監理料／総工事費の10－12％
住宅以外の設計／小規模な福祉施設、官公庁施設（学校・集合住宅）の改修

建築家からのメッセージ

住宅設計で大切にしていること

家族みんなの様子が感じられること
住んでいて心地よいこと
建物の維持修繕費を低く抑えられること
建築主の想いや将来イメージについて共有すること。

家を建てる人へのアドバイス

断熱と省エネと住まいのIT化が急進の気配です。

耐震とバリアフリーと共に、ゼロエネルギー住宅、スマートハウスへの対応もしておきたい。

私はこんな人です

好きな場所………古い街道と町並み
好きな建築………地域色豊かな古民家と明治・大正・昭和の近代建築
好きな音楽………民俗音楽
好きな画家………印象派
好きな映画………宮崎駿
好きな作家………司馬遼太郎
座右の銘…………温故知新
趣味・特技………道に迷わない
尊敬する人物……幕末の志士たち
建築家をめざすきっかけ……考える事が好きだったから
ひとこと……………耐震と省エネ基準の強化により、近代建築の存続を憂慮している。

玄関シューズコーナーと階段

118度に開くキッチン。手前はダイニング

上／縁側を兼ねた土間を経て、蹲の庭に出る
正面は床の間・仏間・押入れが並ぶ
中／ダイニングと和室とリビングの建具を解放すればワンルームとなる
下／リビング前のウッドデッキを経て、庭に出る

設計データ

- 敷地面積…580.00㎡
- 延床面積…167.10㎡
- 用途地域…第一種住居地域
- 構造・規模…木造・地上2F
- 設計期間…2015年7月～2015年11月
- 工事期間…2015年12月～2016年6月
- 施工会社…分離発注
- 総工事費…建物工事費3,100万円（税別）設計監理費含む

独立性を保ちながらも
開放感のある二世帯住宅

case 23

Ju Design 建築設計室

包み込む

- 家族構成……夫婦＋子ども2人＋両親
- 所在地……愛知県犬山市

上／両手を重ねて包み込む形から生まれた外観
下／奥の雰囲気を感じにくくするためクランクした廊下
（撮影：フォートシルフ［建物写真］）

二世帯で住むことが決まっていたため、互いのプライバシーが確保できる導線と各部屋の独立性を保つことを条件にしていました。

ハウスメーカーなどいくつか回りましたが、髙橋さんから提案されたのが、独立性を求め過ぎると閉鎖的になってしまうことから、リビングは欄間をつけて気配を感じ、窓を大きくとることで外への開放を、また2階の一部屋をセカンドリビングとし、独立性を確保しながら家全体を開放的に感じさせるといった、他では聞けなかった提案でした。

加えて、セカンドリビングを個室にもできる工夫や、雨戸や障子などの実用にもデザイン性にも富んだ飾り窓、多くのゲストが来ても困らないようにと備え付けの食卓テーブルと揃いの追加用テーブルを普段は邪魔にならないところに収納できる仕掛けなど、想定以上の内容を次々と提案いただいたことで、機能的にもデザイン的にも住むことを想像したときに一番ワクワクしたことが最終的な決め手でした。

家を建てるときに自らの手を少しでも入れさせてくれたことにも感謝しています。自分で一本単位から選び、配分を考えたお風呂場のタイルは、湯船に浸かる度にニヤけながら見上げています（笑）。（Tさん）

建築家のプロフィール

髙橋純也 タカハシ ジュンヤ

1980年 愛知県犬山市生まれ／2003年 名城大学理工学部建築学科卒業／2013年 Ju Design建築設計室設立

掲載作品へのコメント

二世帯が同居する家としてそれぞれの部屋を区切りながらも二つの共有空間を作り、住まい方にバリエーションを加えることを提案しました。共有空間には収納できるテーブルや壁になる机を備えて一つの部屋を複数の用途として使用できる工夫をしています。

● Ju Design《ジュウ デザイン》 建築設計室
愛知県江南市宮後町砂場東301 メゾン深山3A
（アクセス：名鉄犬山線江南駅）
TEL：0587-53-2188　FAX：0587-53-2188
E-mail：ju.takahashi@judesign-archi.com
URL：https://www.judesign-archi.com
業務時間（休業日）／ 9:00－18:00（日・祝）
設計・監理料／住宅の場合総工事費の約10%
住宅以外の設計／マンション、店舗、事務所等建築全般

建築家からのメッセージ

住宅設計で大切にしていること

家づくりは楽しいものであってもらいたい。建て主の要望を読み取って、より住みやすくて楽しくなる居場所をつくれるよう心掛けています。そこへ付加価値がつけられたらと考えています。

家を建てる人へのアドバイス

会話の中でさり気なく言った事が、提案の中に組み込まれていくことがよくあります。設計者と何でも話せる間柄を築いて楽しい家づくりができるといいと思います。

私はこんな人です

好きな場所………小高いところ
好きな建築………独特の雰囲気をもった建築
好きな音楽………THE YELLOW MONKEY、Fatboy Slim、Underworld
好きな画家………モネ
好きな映画………『ワイルド・スピード』『パーフェクトワールド』
好きな食べ物……蕎麦、パスタ、ビール
趣味・特技………F1観戦、ドライブ、バスケットボール
建築家をめざすきっかけ……子どものころ絵を描いたりものを作るのが好きで、できることなら建物のような大きなものを作ってみたいと思ったこと。
ひとこと…………建て主と一緒に楽しんで家づくりをしています。それを仕事としてできていることに幸せを感じています。

写真３点／ LDKのキッチンカウンターの壁はテーブルと座卓に。人数に合わせてスタイルを変えられる

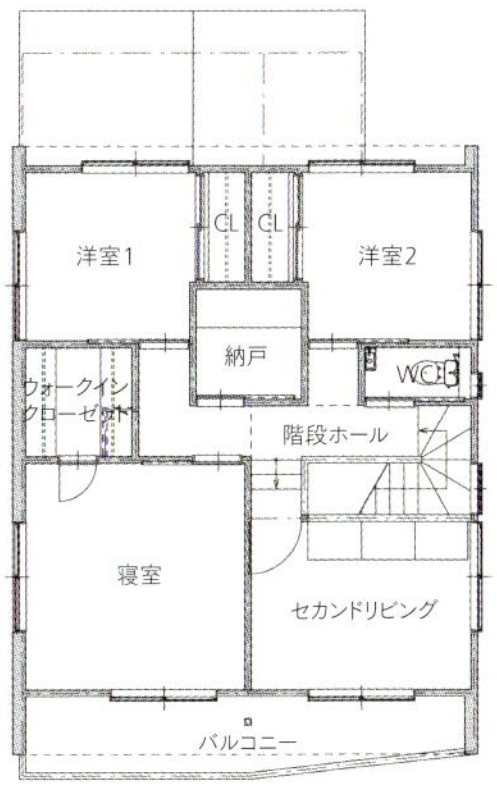

［2F］

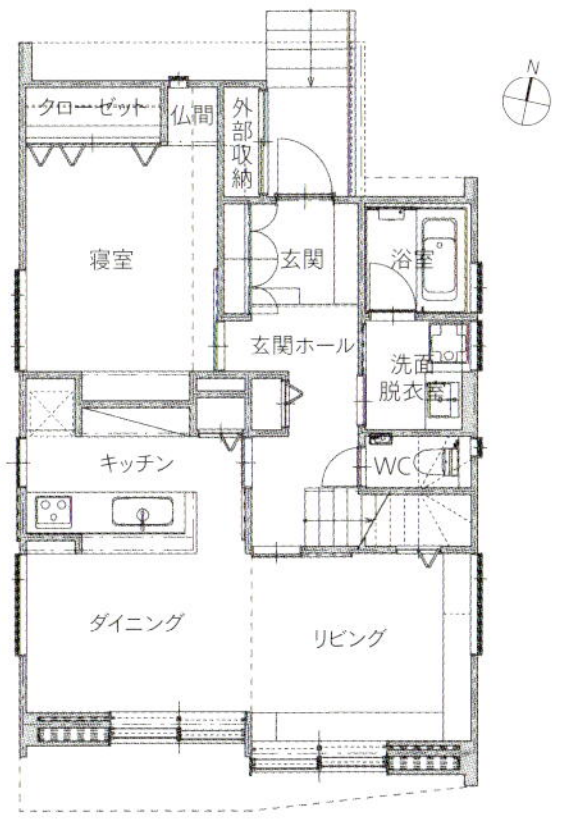

［1F］

上／ところどころに欄間やスリットを設けて光と気配を取り込む
下／オープンなセカンドリビングは高さを変えて視線が抜けにくく、壁になる机で個室にもなる

設計データ

- 敷地面積…168.72㎡
- 延床面積…128.63㎡
- 用途地域…第一種住居地域
- 構造・規模…W造・地上2F
- 設計期間…2015年8月～2016年6月
- 工事期間…2016年7月～2017年1月
- 施工会社…㈱山新工務店

主役はキッチン。
動線重視の周遊空間で快適に

case
24

㈲建築工房エムエーエー

UT邸

●家族構成……夫婦
●所在地……愛知県春日井市

家の中心となり家族の中心ともなるLDK
（以下すべて、撮影：大須賀　信一）

結婚してマイホームが欲しい！と思い立って、家を建ててくれるところを探していました。ハウスメーカーをいろいろ巡ってみましたが今ひとつ。ご縁があり今回の設計事務所に相談したところ、他にはないオリジナルの家を提案いただき、ぜひ建てたい！という気持ちになり、私たち夫婦と設計士さんと3人での家づくりが始まりました。

そんなわが家の主役はキッチン。どの部屋にいても家族の存在が感じられるようなキッチンとダイニングが、開放感のある吹き抜けやリビング階段などで実現しました。大変そうだと思っていたアイランドキッチンも、キッチン横の収納スペースにすべて片付けることができるので、片付けも苦にならず常に綺麗なキッチンでいられます。

間取りのこだわりは家事動線、生活動線を重視した周遊空間です。わが家の1階に行き止まりはありません。シューズクローク、洗面所、キッチン、リビングがどこからでもアクセスできるのでとても生活しやすく快適です。

自転車など趣味スペース兼作業スペースにもなる広いシューズクロークや、設計士さんこだわりのリビングの壁細工、憧れだったキャットウォークもつくっていただき、言葉通りの夢のマイホームで生活できる毎日がとても楽しく幸せです。（UTさん）

建築家のプロフィール

上田高史《うえだ たかし》

1975年生まれ／愛知県出身／1999年名城大学法学部卒業／2002年名城大学理工学部建築学科卒業／2003年(有)建築工房エムエーエー入社／2016年(有)建築工房エムエーエーパートナー

掲載作品へのコメント

古い町並みの中でも違和感を与えず、埋没することも無いように壁をアクセントにした。

2階には特殊な建具と各部屋に接する吹き抜けを設け、家族が常に互いの存在を感じられる家とした。

閉鎖的になりがちなキッチンを家具として主役にすることで、家族が周りに集いやすい空間ができた。

●㈲建築工房エムエーエー
愛知県春日井市知多町2-6
（アクセス：JR中央本線勝川駅から徒歩10分）
TEL：0568-34-4723　FAX：0568-34-4878
E-mail：maa@kentikukoubou-maa.co.jp
URL：http://www.kentikukoubou-maa.co.jp/
業務時間（休業日）／9:00−18:00（土・日祝）
設計・監理料／総工事費の10％から
住宅以外の設計／店舗（飲食店・物品販売店）、教育施設、事務所

建築家からのメッセージ

住宅設計で大切にしていること

建て主の要望は建物が完成して終わり…ではなく、家族の成長・将来の変化も見据えた提案を行なうこと

家を建てる人へのアドバイス

住まい手のいろいろな夢や想いを遠慮なく伝えてください。子どもの頃の憧れや理想の家族像など、設計者が想いを「かたち」にしてくれます。

私はこんな人です

好きな場所………人が集まって寛いでいる場所
好きな建築………新しい感覚と古いものが混在する建物
好きな映画………『CUBE』『ゆれる』
好きな食べ物……和菓子
宝物………………石垣島に貯蔵してもらってある泡盛
座右の銘…………あきらめない
趣味・特技………人間観察、ドライブ
尊敬する人物……アスリート
ひとこと…………家を創ることを語り合いましょう。

家の中心となり家族の中心ともなるLDK

右上／リビングの一部としてのウッドデッキ
右中／家族の成長・季節の模様替えが楽しめる自由棚
右下／自転車置き場を兼ねたシューズクローク
左上／将来の子供部屋を想定した洋間
左下／環境が一番良い配置の主寝室

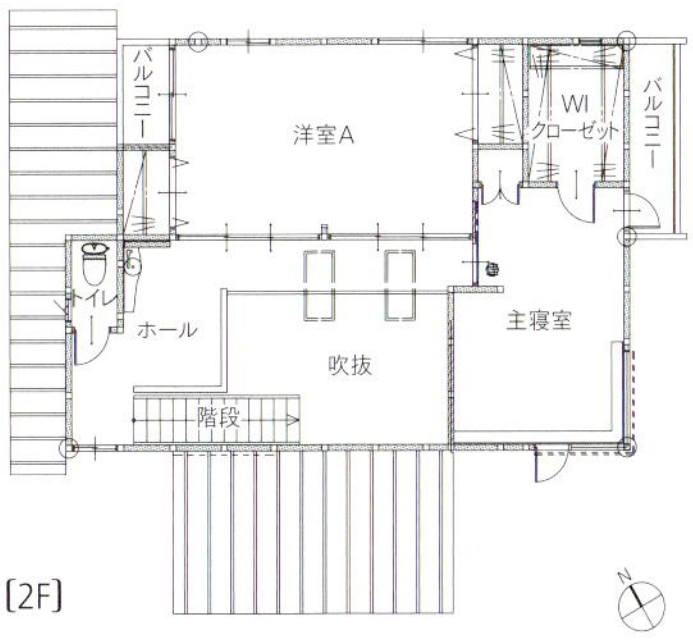

［2F］

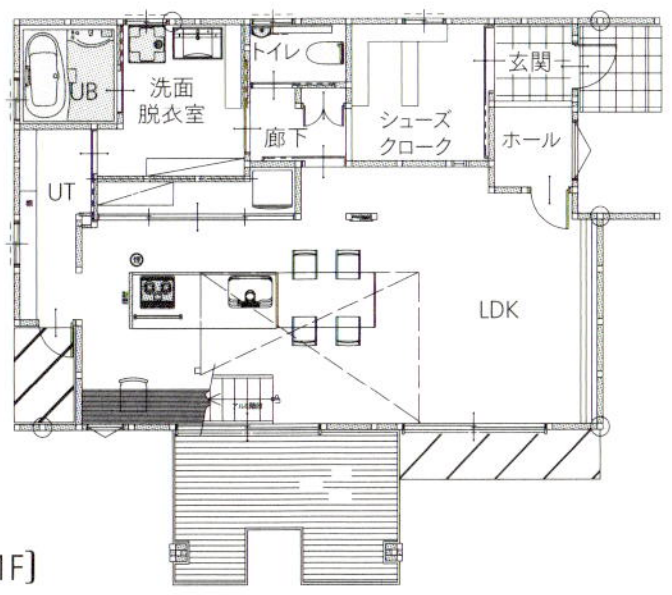

［1F］

設計データ

- 敷地面積…248.79m^2
- 延床面積…125.71m^2
  （1階床面積:70.02m^2、2階床面積:55.69m^2）
- 用途地域…第一種低層住居専用地域
- 構造・規模…木造・地上2F
- 設計期間…2016年8月～2017年9月
- 工事期間…2016年10月～2017年5月
- 施工会社…㈲シンリツホーム
- 総工事費…2,600万円＋外構工事

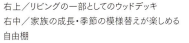

国産の檜と地松と漆喰仕上げのリビング。自然素材を活かしたナチュラルな雰囲気

case 25

永井政光建築設計事務所

坪庭のある招き屋根の家

- 家族構成……夫婦＋子ども2人
- 所在地……愛知県春日井市

憧れの「木と漆喰の家」に素敵なお庭も

急きょ希望の土地が手に入り始まった家づくり。いくつかハウスメーカーを見たもののここで建てたいというものを見つけられずにいた妻が、「外観も内装もいい感じ！」と興奮気味に言ったのが永井政光建築設計事務所でした。「木を生かした木造」が夫婦共通の考えでしたのですぐに連絡を取りました。

最初は要望がはっきりしていなかったこともあり、二転三転を繰り返していましたが、充分に悩ませていただいたおかげで満足な図面に仕上がりました。

工事中は現場が近かったため毎日通い、図面の家が少しずつ形になっていく様子を見ることができました。素晴らしい材木をお持ちの丸真ケンチクさんに建ててもらえたこと、棟梁の丁寧なお仕事ぶりに感動するとともに、経験に基づく的確なアドバイス、細かい要望までを形にして貰えたこと、本当に嬉しく楽しい時間でした。

憧れの「木と漆喰の家」に素敵なお庭も加わった暮らしは、時間に追われる生活の中に落ち着きと安心を与えてくれています。永井設計士がおしゃっていた「何とも居心地のよい、いい感じ」になっています。

これから木や漆喰がどんな成長をしていくのかを楽しみながら、健やかに暮らしたいと思います。

（Nさん）

建築家のプロフィール

永井政光《ながい まさみつ》

1976年生まれ／豊山町出身／中部大学建築学科卒業／民間設計事務所／名工建設㈱設計部／矢作建設工業㈱設計部、木組ゼミ／2008年永井政光建築設計事務所設立

掲載作品へのコメント

老舗の高級旅館によくみられる数寄屋建築の要素を、現代的に応用しました。苔の坪庭を家の急所に設け、玄関、浴室などから緑や光、風が楽しめます。繊細な組子を組み込んだオリジナル木製建具や玄関の縁側の名栗仕上げ、網代天井など、伝統とモダンが融合した住宅です。

●永井政光建築設計事務所
愛知県北名古屋市西之保清水田71-3　マーベラスII 302
TEL：0568-70-3768　FAX：0568-70-5497
E-mail：nagai_architects@na.commufa.jp
URL：http://www.wb.commufa.jp/na_arch/
業務時間（休業日）／ 9：00－18：00（不定休）
設計・監理料／総工事費の10 ％
住宅以外の設計／店舗、児童福祉施設、他

建築家からのメッセージ

住宅設計で大切にしていること

匠とDESIGNを融合させた、ジャパンクオリティの日本の家を目指しています。四季折々楽しめる、この国の風土に合った家をご提案したいと考えています。

家を建てる人へのアドバイス

例えば設計段階で、こんな素人考えのことを要望してもいいのかしら?というようなことでも、お気軽に相談してみてください。二人三脚で、楽しく素敵な家づくりができたらと考えています。

私はこんな人です

好きな場所………コメダ、海、美しい場所
好きな建築………伊勢神宮正殿、ル・トロネ修道院、ジェフリー・バワの建築全般
好きな音楽………金子由香利、ブルーハーツ
好きな画家………パウル・クレー
好きな映画………『ターシャ・テューダー静かな水の物語』
好きな食べ物……鮪の赤身、地の食材
愛読書…………『幸福論』（ヘッセ）
宝物……………家族、友人、過去の記憶
座右の銘…………おかげさま。念ずれば花開く
趣味・特技………ギター、読書、美術鑑賞、建築巡り
尊敬する人物……中村外二（数寄屋大工）
建築家をめざすきっかけ………中学の時代の美術の授業で、楽しすぎて熱中して創作していたことから
ひとこと…………穏やかなタイプのようです

上／燻し瓦による、大きな招き屋根のファサード
下／坪庭と、名栗仕上げの縁側、網代天井のある、数寄屋テイストの玄関廻り

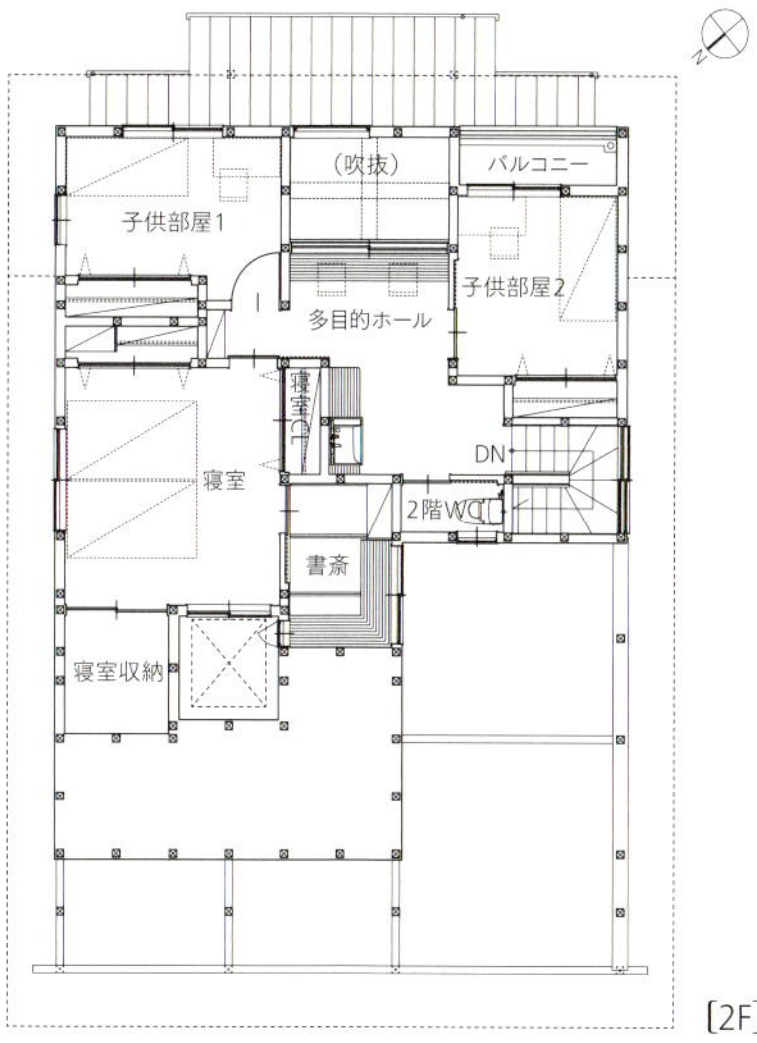

［2F］

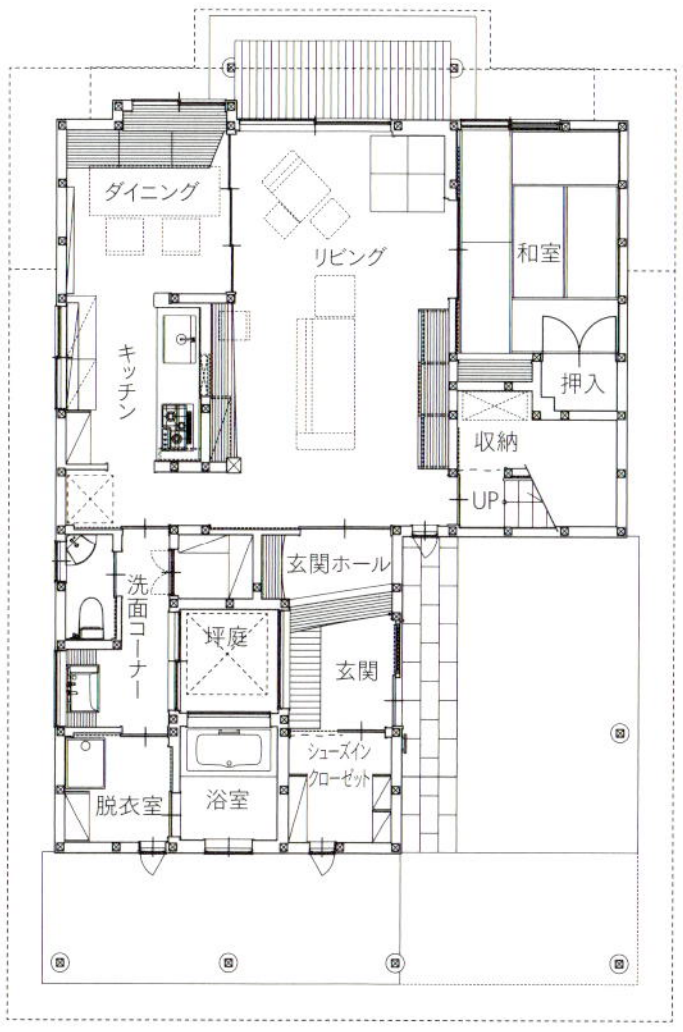

［1F］

上／組子を組み込んだオリジナルの木製建具
下／苔（こけ）と紅葉と古板石を組合わせた、日本スタイルのアプローチ

設計データ

- 敷地面積…309.13 m^2
- 延床面積…147.97 m^2
- 用途地域…第一種住居地域
- 構造・規模…木造・地上2F
- 設計期間…2016年1月～2016年12月
- 工事期間…2017年1月～2017年9月
- 施工会社…丸真ケンチク
- 作　　庭…GLitter ランドスケープデザイン

北側の眺望を最大限活かす吹き抜けのリビング

case 26

KOO設計室

K House

- 家族構成……夫婦（40代）
- 所在地……愛知県江南市

1階からすこしもち上げたリビング。南から北へとゆったりとした空気がながれる

私たちの家づくりは、土地探しから始まりました。樋口さんとは友人で、手がけた住宅を見せていただく機会もあり、自分たちの家を考えることになって、早い段階から相談させてもらいました。私たちが見つけた土地を実際に見てもらい、購入を決めました。そこは住宅密集地の一番北に位置していて、北側へ眺望がひらけた場所でした。

私たちの家のとっておきの場所は、大きな吹き抜けのリビングです。道路から少し盛り上げた南側の庭から二階北側の大きな窓までの大空間です。通りからの視線を気にすることなく、ゆったり外とつながっていて開放感たっぷりです。気持ち良い風も通り抜けます。そこは、人が集ってお酒を飲む場所になったり、シアタールームになったりという私たちの楽しみも満たしてくれています。

初めてこの土地を訪れたときは解体前の建物が残っていて、土地の狭さや隣地との窮屈さが気になりました。しかし、この場所にある長所を最大限に活かした魅力的なプランを模型をつかって話していただくうちに、ワクワクする気持ちでいっぱいになっていました。

結果的にこちらの予算や要望をふまえた、それでいてこの場所にふさわしい、私たちにとって本当に愛しい家ができました。

（Kさん）

建築家のプロフィール

樋口津也子 ひぐち つやこ

1973年生まれ／愛知県出身／
1994年東京デザイナー学院卒業／
1995年状況空間研究所入所／
2000年KOO設計室設立

掲載作品へのコメント

この場所の魅力である北側の眺望を大きな窓から取り込み、すこし盛り上げた南の庭までゆるやかにつないだ吹き抜け空間。まわりに配された各部屋は必要なときだけ扉で区切られるおおらかな住まい。場のつながり方により、性格の異なったいろいろな居場所が心地良い。

●KOO《クウ》設計室
愛知県岩倉市八剱町2127 ※
（アクセス：名鉄犬山線石仏駅から徒歩10分）
TEL：0587-50-0876
E-mail：info@koo-design.net
URL：http://koo-design.net/
業務時間（休業日）／ 9:00－19:00（日・祝）
設計・監理料／総工事費の10－12％
住宅以外の設計／店舗設計

建築家からのメッセージ

住宅設計で大切にしていること

さまざまな過ごし方を許容できるような空間を創りたい。さらに場所の魅力を最大限に引き出し、建物と外部が調和した、その人、その場所ならではの豊かな住まいを考えています。

家を建てる人へのアドバイス

共感できる建築家と出会うことで、より充実した住まいづくりができるはずです。いろいろな家を見て、まず作り手とお話しされる機会をつくることが第一歩です。

私はこんな人です

好きな音楽………キース・ジャレット、菊地成孔
好きな画家………マーク・ロスコ、熊谷守一
好きな食べ物……魚介類
宝物………………家族・友人
座右の銘…………臨機応変
趣味・特技………トレッキング
ひとこと…………より良く、自分らしく

※上記住所へは2018年5月～6月頃移転予定。
現住所は以下の通り。
愛知県北名古屋市鹿田丸薮12-1 西春オカマンション415
（アクセス：名鉄犬山線西春駅から徒歩7分）
TEL：0568-22-5989　FAX：0568-22-5988

大きな窓をもつ外観。北側の眺望を取り込む

建物の配置で通りからの視線に配慮。
少し盛り上げた南庭

庭との関係で半地下のような場所もある

右／2階セカンドリビングより見下ろす。
シアタールームにもなる
左／ゆるやかに空間をつなぐ印象的な凸凹階段

設計データ

- 敷地面積…266.53m²
- 延床面積…107.89m²
- 用途地域…市街化調整区域・既存宅地
- 構造・規模…木造SE工法・地上2F
- 設計期間…2007年12月～2008年7月
- 工事期間…2008年8月～2008年12月
- 施工会社…栃井建設工業㈱
- 造園設計施工…GROUND
- 総工事費…2,800万円

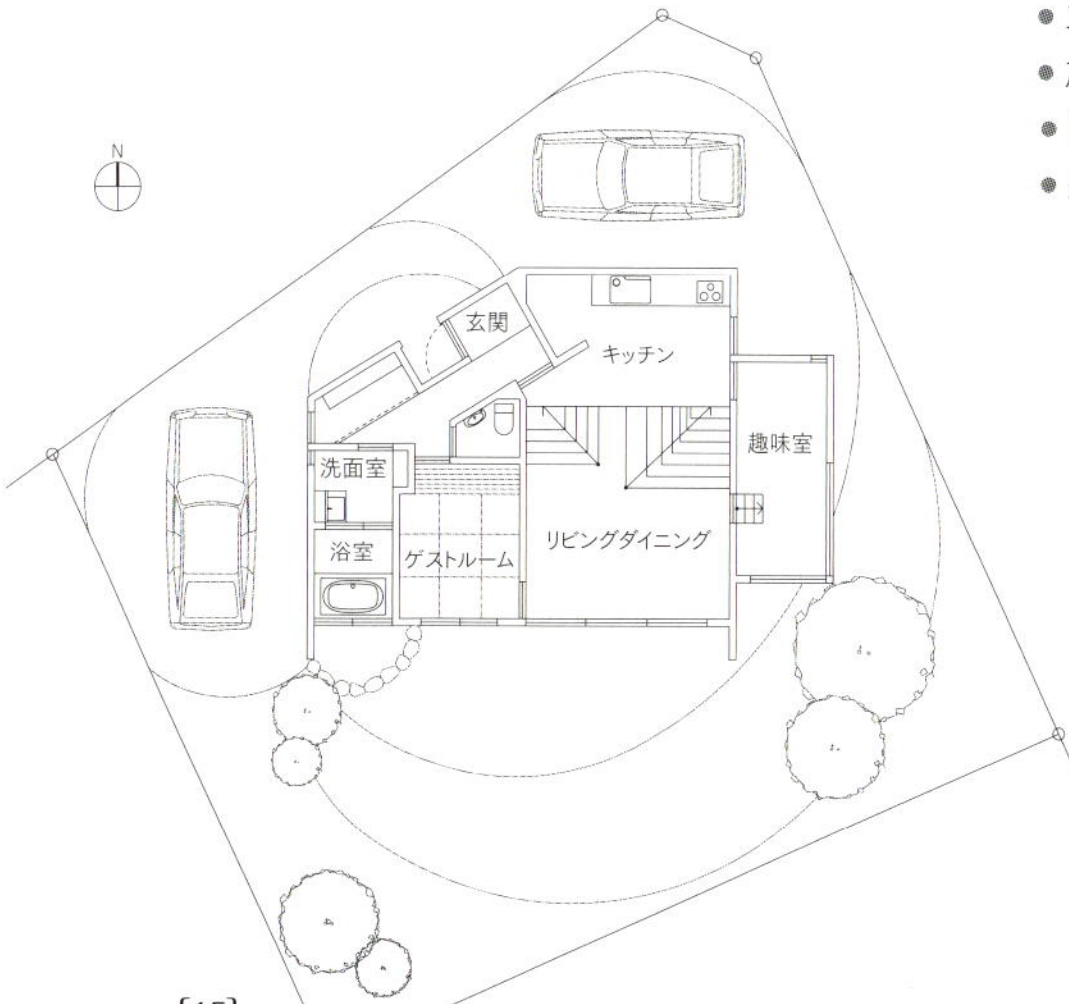

［1F］

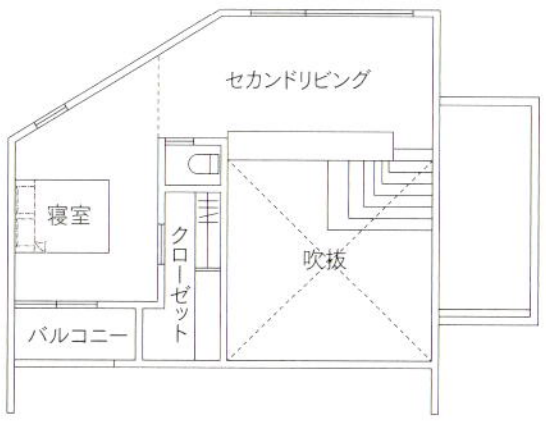

［2F］

昭和のしつらえをリノベート 動線と空間構成を変える

case 27

エムサンク_アーキテクト一級建築士事務所

マンナカハウス

●家族構成……夫婦

●所在地……愛知県N市

玄関 ❖（撮影：澤崎 信孝 ❖）

昭和の時代に両親の建てた思い出のたくさん詰まった実家ですが、台所やお風呂が古くなり「設備関係を入れ替えする際、一緒にリフォームをしてみたい」と思ったのが今回のきっかけです。

初め、いくつかの工務店さんに話を聞いてもらったのですが、納得のいく答えや希望に沿ったプランが出ず、とても困っていました。どうして良いか悩んでいたところ、たまたまのご縁で今回お世話になった工務店さんや設計事務所さんに出会いました。

希望は「部屋を繋げて広く使いたい」ということだけ。それ以外は設計士さんにお任せしました。いろいろなプランを出してもらいましたが、調査の結果や使いやすさを優先し、元の間取りのまま進めることになりました。ただ、間取りは同じですが、動線や空間の広がり方、キッチンの位置などを変えているので、まったく新しいプランです。

工事中は、こちらから支給したタイルや備品なども、臨機応変に、また上手く調和するよう取り入れてもらいました。特にキッチンに使った赤いガラスタイルはお気に入りのタイルで、部屋一番のポイントです。創る課程においても、設計士さんや監督さんと一緒になって一つひとつ問題を解決したことは今でもとても良い思い出となっています。

（Iさん）

建築家のプロフィール

六浦基晴 むつうら もとはる

1979年生まれ／愛知県出身／ 2002年大阪芸術大学芸術学部建築学科卒／2012年m5_architecte/エムサンク_アーキテクト一級建築士事務所開設

掲載作品へのコメント

昭和の香りが色濃く残る空間を、建て主の希望に沿ってリノベーションした案件。使い慣れた間取りは大きく変えず、動線や空間構成に焦点を置き計画。その中で意思を持った一つひとつの素材が尊重し合い、また共鳴し合うようバランスを取って配置されている。

●m5_architecte/エムサンク_アーキテクト一級建築士事務所
愛知県北名古屋市西之保中屋敷11
（アクセス：名鉄犬山線西春駅から徒歩10分）
TEL：050-5885-0645
E-mail：mutsuura@m5archi.com
URL：https://www.m5archi.com
業務時間（休業日）／ 9:00－17:00（木・日・祝）
設計・監理料／総工事費のおおよそ12％※案件や難易度による
住宅以外の設計／設計全般、家具等

建築家からのメッセージ

住宅設計で大切にしていること

建て主の想いを具現化すること。建て主・設計・施工が三者対等の関係において信頼関係を築き、業務を円滑に遂行させること。

家を建てる人へのアドバイス

時間や目先のことにとらわれず、信頼関係を築くことのできる建築家を見つけてください。家づくりという長い旅のサポートをしてくれる「パートナー」を見つけることはとても重要です。

私はこんな人です

好きな場所……古い町並み（国内外問わず）
好きな建築……Grande Galerie de l'Évolution（France）
好きな食べ物……ワイン、チーズ、ハードパン、魚料理
愛読書……まちづくり関係の書籍
宝物……子ども、自分自身の経験
座右の銘……縁
趣味・特技……アメリカンフットボール、スキー、カメラ
尊敬する人物……家族
建築家をめざすきっかけ……留学先で在籍していた設計事務所に魅了され
ひとこと……あきらめない！！

キッチン ✣

右上／キッチン（夜景） ✣ 右下／中央収納（夜景） ✣
左上／応接間よりキッチンをみる ✣
左中／応接間 ✣ 左下／キッチン ✣

改修前

左上／玄関
左下／台所
右下／応接間

設計データ

- 敷地面積…365 m^2
- 延床面積…117 m^2（リノベーション面積56 ㎡）
- 用途地域…市街化調整区域
- 構造・規模…木造・地上1F　築41年
- 設計期間…2015年1月～ 2016年4月
- 工事期間…2016年4月～ 2017年4月
- 施工会社…㈲湯浅建設

理想のキッチンを実現したスキップフロアの家

case 28

一級建築士事務所(有)リトルエッグ

O氏邸

● 家族構成……夫婦＋子ども2人
● 所在地……愛知県岡崎市

上／段差を利用したスキップフロアを採用し、空間を広く利用
下／眺めの良いルーフバルコニー。周辺を一望でき、夏には花火鑑賞も
（以下すべて、撮影：(株)ディーシーエス）

職業柄「家でも料理を思う存分楽しみたい」、そんな思いを抱いて、いろんなモデルハウスを見に行きましたが、どこも一般の家庭用キッチンは最小限の広さしかなく、自分の理想とするキッチンは一つもありませんでした。そんな中で、父に岩瀬さんを紹介してもらいました。

岩瀬さんは、口下手な私の説明を元に設計図を書き起こし、そこにプラスαのアイデアを盛り込んでくれました。自分が理想とするキッチンはもちろん、ガレージと中二階には広い収納スペース、水回りの壁や床には湿気対策として珪藻土の塗り壁を採用したり、リビングの床や壁には天然素材を使用するなど、期待以上の提案、アイデアばかりでした。おかげで年中快適かつ心地よい暮らしができています。

素人の私たちのわがままをすべて聞き入れて具現化できる、そんな建築士さんに出会えたから、今の幸せな生活があるのだと思います。（Oさん）

建築家のプロフィール

岩瀬 英二《いわせ えいじ》

1954年生まれ／愛知県安城市出身／1977年大阪芸術大学建築学科卒業／同年～81年東京(株)環境計画研究所他 勤務／1982年一級建築士事務所(有)リトルエッグ設立

掲載作品へのコメント

自然環境豊かな立地でかつ高低差のある敷地を生かした、地下駐車場の上の木造2階建て住宅です。段差を利用したスキップフロアや床下収納を配置することで、変化のある住宅になりました。

●一級建築士事務所(有)リトルエッグ
愛知県安城市古井町小仏3-1
(アクセス：名鉄西尾線碧海古井駅から徒歩10分)
TEL：0566-75-5955　FAX：0566-74-6231
E-mail：eiji@litt-egg.co.jp
URL：https://iwase-little.wixsite.com/iwase-ko
業務時間(休業日)／ 8:00－18:00 (第2、第4土・日)
設計・監理料／総工事費の10% (構造、規模による)
住宅以外の設計／集合住宅、コミュニティセンター、事務所　他

建築家からのメッセージ

住宅設計で大切にしていること

住まい手の個性をどう形にしていくか、コミュニケーションを大切にして世界に一つしかない家づくりをすること。

家を建てる人へのアドバイス

家づくりは、自分や家族のことを見つめる良い機会です。自分たちらしい家づくりのために、夢を語りましょう。

私はこんな人です

好きな場所 …….. 伊勢神宮、京都
好きな建築 …….. コペンハーゲンのオペラハウス、ヨドコウ迎賓館、岩の教会テンペリアウキオ(ヘルシンキ)
好きな音楽 …….. アメリカンポップス、バッハ無伴奏チェロ組曲、バディガイ
好きな画家 …….. 平山郁夫
好きな映画 …….. 『頭上の敵機』
好きな食べ物 …. 和風料理、ソバ、寿司
愛読書 …………. 『こうして思考は現実になる』
宝物 …………….. 家族
座右の銘 ………. 人事を尽くして天命を待つ
趣味・特技 …….. 街歩き、自然観察、万年筆
尊敬する人物 …. その道のプロフェッショナルな人
建築家をめざすきっかけ …….. フランク・ロイド・ライトの作品との出会い
ひとこと ………... 住まい手により刺激され影響され格闘し、つくり手も成長していく。

高低差のある敷地を生かし
地下駐車場を配置。
ガルバリウム鋼板を
外壁に使用

ダイニングからリビングへ。
料理しながら外の景色を眺めることができる

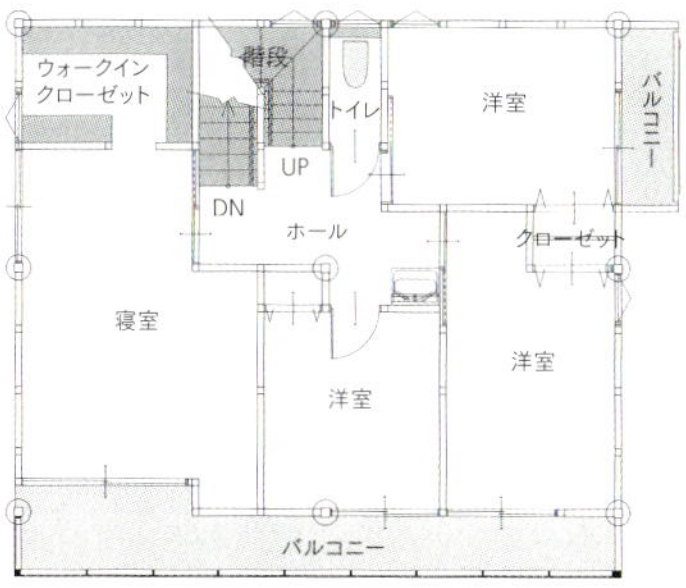

[2F]

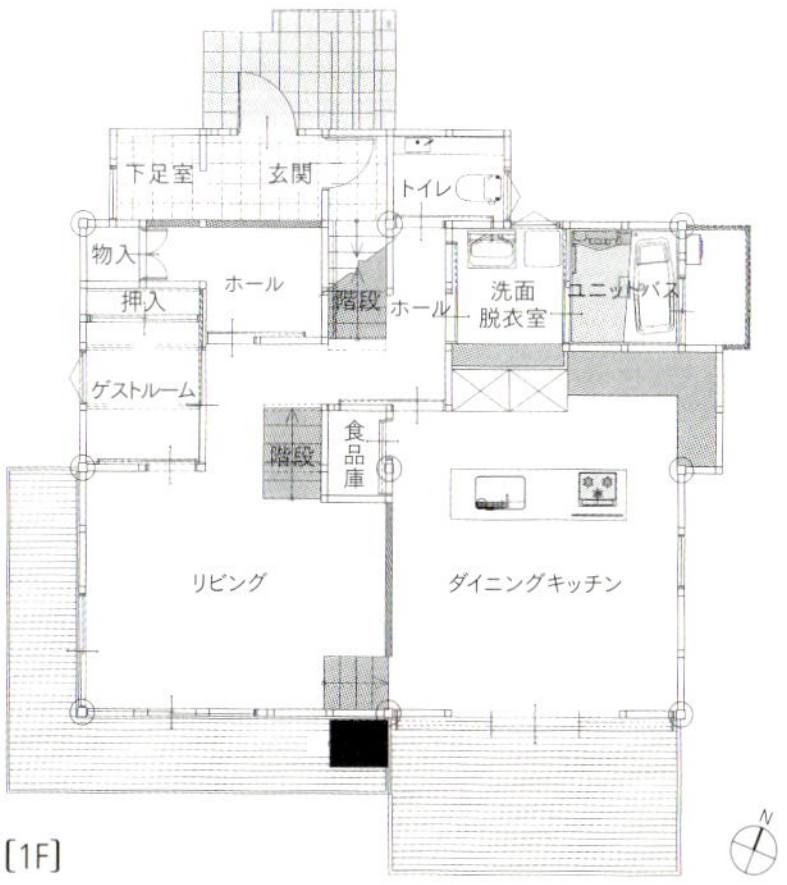

[1F]

建て主の要望をかなえた広々としたキッチン

設計データ

- 敷地面積…411.20m^2
- 延床面積…198.97m^2
- 用途地域…第一種住居地域
- 構造・規模…木造一部鉄筋コンクリート造・地上2F
- 設計期間…2016年4月～2016年11月
- 工事期間…2017年1月～2017年7月
- 施工会社…(株)岩瀬工務店

思いの丈を形にした
家族の気配を感じられる家

case 29

岡田中野建築研究室

中庭を望む家

- 家族構成……夫婦＋子ども2人
- 所在地……愛知県安城市

上／外観：水平に広がる屋根が印象的な落ち着いた佇まい
下／玄関：間接照明による正面壁の演出、入口上部格子からの自然光と黒土間が印象的な空間を創出
（以下すべて、撮影：45g Photography）

「私たちの住まいに対する思いの丈を、大切に形にしてくれた。」これは、わが家の設計士さんたちの仕事ぶりについての感想です。

家を建てると決めてから、他にも工務店や別の設計事務所を訪問しました。顔色を伺うこと無く自分たちの希望を伝えられることが、これから先の家づくりで最も大切だと考え、一番遠慮することなく思いを話すことのできた、こちらの設計事務所にお願いしました。

家づくりでは、こだわりがあるのに要望が具体的でなかったり、夫婦で意見が分かれたりして、仕様が一度で決まらないことばかりでした。それでも設計士さんは、打ち合わせを繰り返し、方向性がぶれないようにまとめてくれ、私たちが決断するのを待ってくれました。家づくりをした1年半、しんどかったですが、やりきった充実感でいっぱいでした。

実際に住んでみて、部屋から部屋へ、いろんな経路を通って行ける間取りの使い勝手は申し分ありません。小さい子どもたちの様子もよくわかります。そして、どの部屋も眺めが良く、居心地がとても良いです。

どれも個性の異なる二人の設計士さんが、頭をひねってアイデアを出し合い、私たちの思い（＝難題）を形にしてくれたものです。この家が、世代を超えて愛される家になったら嬉しいです。

（加藤さん）

建築家のプロフィール

岡田貴行《おかだ たかゆき》

1977年生まれ／愛知県出身／2002年名古屋工業大学大学院博士前期課程社会開発工学専攻卒業／2002年～2011年株式会社中建設計／2011年～2014年株式会社ウッドフレンズ／2014年岡田中野建築研究室設立

中野真人《なかの まさと》

1977年生まれ／愛知県出身／2004年法政大学大学院工学研究科建設工学専攻修士課程修了／2004年～2016年城戸崎建築研究室／2017年岡田中野建築研究室

掲載作品へのコメント

最大限抑えた階高・繊細なディテールの深い庇・中庭を囲む全面開口により、水平への広がりを強調することで、内部空間にものびやかで広がりある空間を目指しました。中庭を囲うLDK・和室により、どこに居ても気配を感じながらも、緩やかなプライベートを確保しています。

●岡田中野建築研究室
愛知県安城市榎前町北榎38
TEL：0566-95-6727　FAX：0566-92-0186

E-mail：t-okada@okadanakano.com
URL：http://www.okadanakano.com

業務時間／9:30－18:30
設計・監理料／総工事費の10－12％
住宅以外の設計／商業施設、医療福祉施設

建築家からのメッセージ

住宅設計で大切にしていること

奇を衒わない建築。佇まいの良い建築。家族とともに成長する家。思いを丁寧にお聞きした上で、実用性を兼ね備えつつも遊びを忘れない設計を目指しています。

家を建てる人へのアドバイス

建築家とは一生のお付合いになります。まずはお話して、楽しく・フィーリングの合う建築家を選んでください。満足度の高い空間を得るためには、どんな小さなこだわりでも伝えることが大切です。

私はこんな人です

◉岡田貴行

好きな場所………自然を感じ、楽しめる場所。温泉
好きな建築………フランク・ロイド・ライトの落水荘、ヘルツォーク＆ド・ムーロンの建物
趣味・特技………旅行、ピアノ

◉中野真人

好きな場所………おいしい珈琲が飲める場所
好きな建築………シンドラーの家
好きな食べ物……甘いもの

上／LDK：水平に広がりのある連続した空間　下右／ダイニング：テーブルから望むL型に切り抜かれた開口
下左／和室：庭と庭越しにダイニングを望め、中庭に囲まれた雰囲気を感じられる場所

右／中庭（夜景）：LDKからの光に照らされた囲まれた中庭
左／外観（夜景）：水平に広がるシャープな屋根と玄関灯のやわらかな光による安心感ある外観

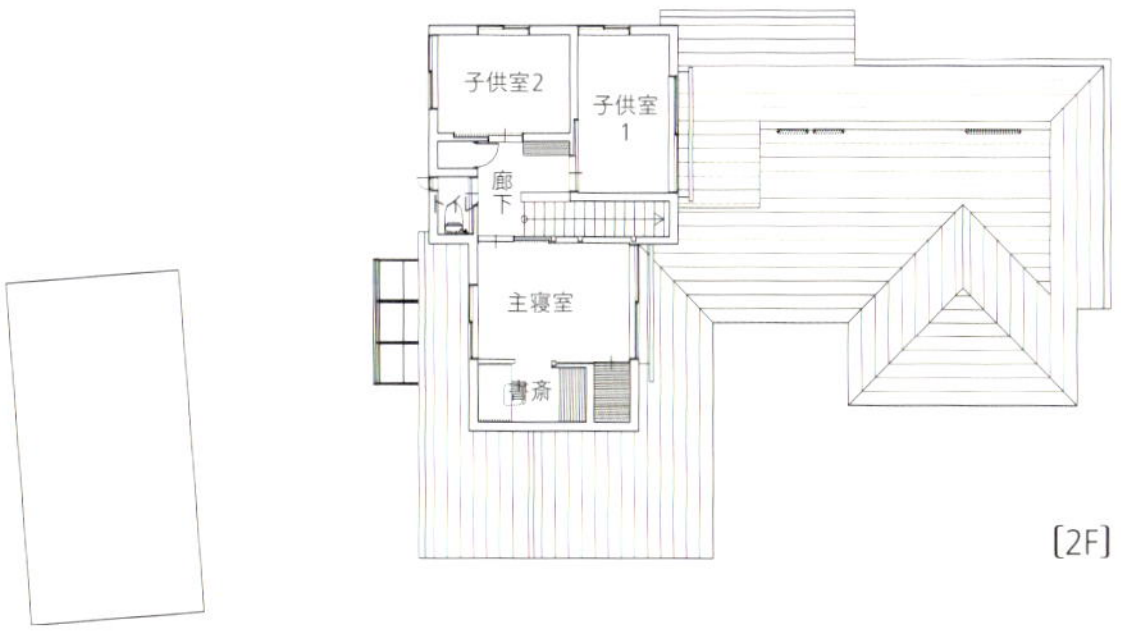

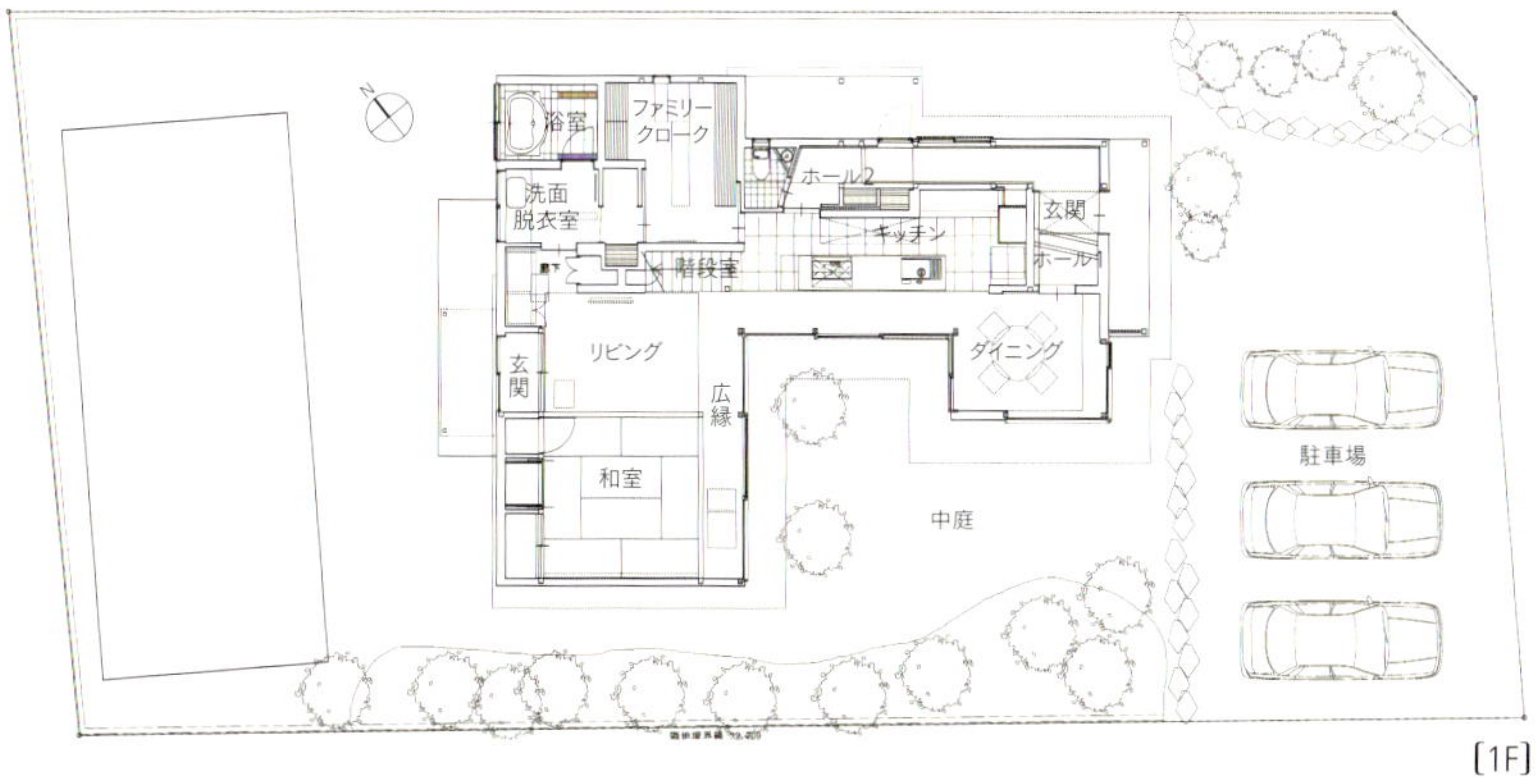

設計データ

- 敷地面積…510.46m²
- 延床面積…144.35m²
- 用途地域…市街化調整区域
- 構造・規模…木造・地上2F
- 設計期間…2015年8月～2016年8月
- 工事期間…2016年9月～2017年3月
- 施工会社…ノキロスクエア㈱

case 30

翔・住空間設計

遊びと繋がりを感じる家

● 家族構成……夫婦＋子ども2人
● 所在地……愛知県刈谷市

吹き抜けを設け、一日中明るいLDK。吹き抜けにアスレチックネットを張り、遊び心あふれる空間に
（以下すべて、撮影：ディーシーエス）

子どもの幼稚園入園前に新居で暮らしたいと考え、家の検討を開始。WEBでこの翔・住空間設計を見つけ、家への考えに共感でき、こだわりを予算内で実現できると感じ、お願いしました。土地探しからご協力いただき、候補の土地を複数実見してもらい、所見を聞くことで良い土地と出会えました。

自分のこだわりは遊び心と、繋がり合う空間。吹き抜けにアスレチックネットを組み込んでもらい、皆喜んで遊ぶスペースになっています。加えて吹抜けに無垢材組みの橋を架ける面白みある設計にしていただき、来客が珍しがる名所となっています。

ほかにも和室を起点にリビング、玄関を各々繋ぎ、リビングを広げたり、玄関に広がりを持たせたりフレキシブルで開放感ある空間を設計。来客時に重宝しています。また、キッチンからリビング、和室、2F（橋、廊下、アスレチックネット）を見渡せて繋がり合う空間にすることで、料理中でも子どもと話ができ、妻も気に入っています。

それ以外でも、採光・通風・断熱を計算してもらい年中過ごしやすく、また吹き抜けがあっても地震に強い構造・部材を採用していただき、快適・安心・安全が揃った大満足な家を予算内でつくることができ、嬉しく思います。

（甲斐野さん）

建築家のプロフィール

高橋昇一 たかはし しょういち

1972年生まれ／愛知県豊田市出身／建設会社、建築設計事務所で経験を積み、2003年に翔・住空間設計を開設。自然素材を使った住宅を中心に設計活動を続ける

掲載作品へのコメント

リビングには、明るく心地のよい空間にするため、吹き抜けを設けました。そこに橋を架けるように廊下を配し、その片側にアスレチックネットが張ってあり、乗って遊ぶことができます。遊び心を持たせた笑顔の絶えない家族の空間となりました。

●翔・住空間設計
愛知県安城市里町4-18-30 輝ビル2F
（アクセス：名鉄名古屋本線・西尾線新安城駅から徒歩約10分）
TEL：0566-91-8735　FAX.050-3156-2072
E-mail：info@sho-jukukan.com
URL：http://www.sho-jukukan.com/
業務時間（休業日）／9:00−18:00（基本的に日休ですが、休日の打合わせ、建築相談には応じます）
設計・監理料／総工事費の8−12％※実際は建築工事面積で決定
住宅以外の設計／店舗、事務所、工場 等

建築家からのメッセージ

住宅設計で大切にしていること

どこにいても家族の気配が感じ取れ、家族みんなが快適な時間を過ごせる心地良い空間づくりを目指しています。

家を建てる人へのアドバイス

家づくりに「我慢」や「妥協」は必要ありません。ですから家に対する想いやこだわりを遠慮することなく設計士に伝えてください。思い出に残る楽しい家づくりをしてほしいと思います。

私はこんな人です

好きな場所……高原や森、河原などの自然の中
好きな建築……古民家、日本の歴史的建造物、京都の街並み（長屋建築）
好きな音楽……ロック
好きなこと……子どもと一緒に外で遊ぶこと。キャンプでの焚火
大切なもの……家族と絆
趣味……キャンプやスキーなどアウトドア全般
建築家をめざすきっかけ……昔から物づくりが好きで、身近に大工さんがいたこともあり、形に残る家づくりの仕事をしたいと考えるようになった
ひとこと……予算が厳しくても工夫次第で、こだわりをたくさん詰め込んだ家をつくることができます。建設会社を見積り入札により選定しますので適正価格で建てられます。まずはお気軽にお問合せいただければと思います

外観

キッチンからLDKを見る

右上／リビングつながりの和室。LDKと一体感を出すために建具は天井高さとしている
右下／2階廊下
左／階段下のスペースを利用した書斎コーナー

設計データ

- 敷地面積…197.28m²
- 延床面積…104.77m²
- 用途地域…第一種住居地域
- 構造・規模…木造・地上2F（ダイライト＋制振テープ貼）
- 設計期間…2016年3月～2016年9月
- 工事期間…2016年10月～2017年2月
- 総工事費…1,830万円（税込）
- 施工会社…大日本木材防腐㈱

和のテイストを取り入れた玄関。玄関からそのまま和室へアクセスできる

永年の信頼関係のもと
念願の茶室のある家を実現

case 31

川窪設計工房

本田邸：葵製茶

●家族構成……5人
●所在地……愛知県西尾市

外観南西面
（以下すべて、撮影：秀栄）

小生、川窪設計工房さんとは、昭和四十年代のわが社設立以来のお付き合いです。小売店舗から工場設計までご指導いただく中で、依頼者の目線に立ち、使いやすさと利便性、自然災害と環境に配慮する川窪さんの想いに、小生は強い感銘を受けております。

とくに今回は、小生の念願であった茶室を住宅の一室につくっていただき、茶商を営んでいる関係から、外来者に一服飲んでいただく癒しの配慮ができ、大変喜んでおります。また、先代が大切に使っていた貴重な古材を一部に生かし、その歴史を忘れることなく、バランス感覚を考えていただきました。今後想定される東南海地震にも耐える安全性を配慮していただいたこと、そして入口正面玄関より各部屋に通ずる渡り廊下の木造の広い床も各階段に続く高低差も、高齢者のことを考え木製のスロープにするなど配慮していただいたことなども、ありがたく思っております。

結びに、外観から見たわが家は工場、店舗、住宅の一体感があり、わが家の家紋を重んじ一段と付加価値を付けていただきました。全体像を、川窪さんの趣味の葉書サイズのスケッチにして持参いただき、大いにＰＲに利用させていただいていること、深謝いたします。

（本田忠彦さん）

建築家のプロフィール

川窪 巧《かわくぼ たくみ》

1947年生まれ／1970年名城大学理工学部建築科卒業。㈱黒野建築設計事務所勤務／1983年川窪設計工房開設／1984年～2012年日建学院 講師／1986年～愛知県立半田工業高等学校非常勤講師／1997年～1998年名古屋市立大学芸術工学部 非常勤講師

掲載作品へのコメント

ビジョンを持ち、それを着実に実現されてきた建て主の、後回しにされていた安全な住まいへの建て替えです。永年その思いを実現するお手伝いをさせていただき、建築家冥利に尽きます。

●川窪設計工房
愛知県岡崎市美合町生田78
（アクセス：名鉄名古屋本線美合駅から徒歩3分）
TEL：0564-52-7688　FAX：0564-52-8136
E-mail：kawakubo@catvmics.ne.jp
URL：http://home1.catvmics.ne.jp/~kawakubo/
業務時間（休業日）／9:00−17:00（土・日・祝［打ち合わせには応じます］）
設計・監理料／総工事費の10%
住宅以外の設計／集合住宅、店舗、医院、福祉施設、工場、古民家再生など

建築家からのメッセージ

住宅設計で大切にしていること

「地震と災害に強い家づくり」を基本としています。建築主の要望を聞き、その中に個性と夢や希望を加味して、ホッとくつろげる、“安心できる住まい”を造ります。

家を建てる人へのアドバイス

これが求めていた生活なんだ！というところまで、家づくりに参加すべきです。一緒に、つくっていくことで、愛着のある家が建てられます。一生に一度の最大の資金を投入するのですから。

私はこんな人です

好きな場所………三河、歴史と今が同居している。
好きな建築………ライトの建物
好きな音楽………ギター弾き語りの出来る曲
好きな画家………自分で描く珈琲塗り画
好きな映画………楽しいアクション映画
好きな食べ物……もやしの味は母の味、味のないところに味がある。
愛読書……………ライトに関する書物
宝物………………スポーツで養った「不撓不屈の精神」
座右の銘…………能力の差は少ないが、努力の差は大きい。
趣味・特技………ギター弾き語り、珈琲で塗るスケッチ
尊敬する人物……フランク・ロイド・ライト
建築家をめざすきっかけ………小学生の時、伊勢湾台風に被災。安全な家をつくるためには知識が必要。
ひとこと……………あなたとともに「夢のある家」をつくりたい。

右上下・左下／茶室　左上／躙り口

路地（スロープにできる階段。桧丸太は再利用した）

松を望む和室居間（床板と天井板は再利用した）

上／外観西面
下／外観北西面

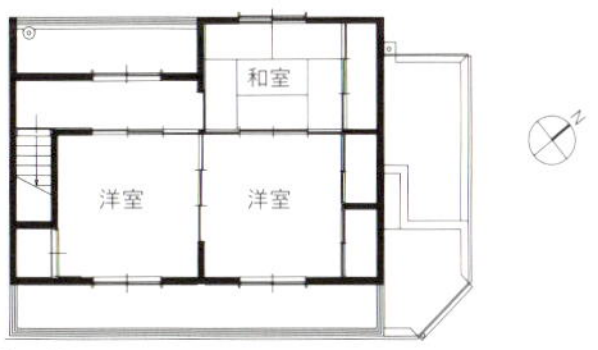

[3F]

[2F]

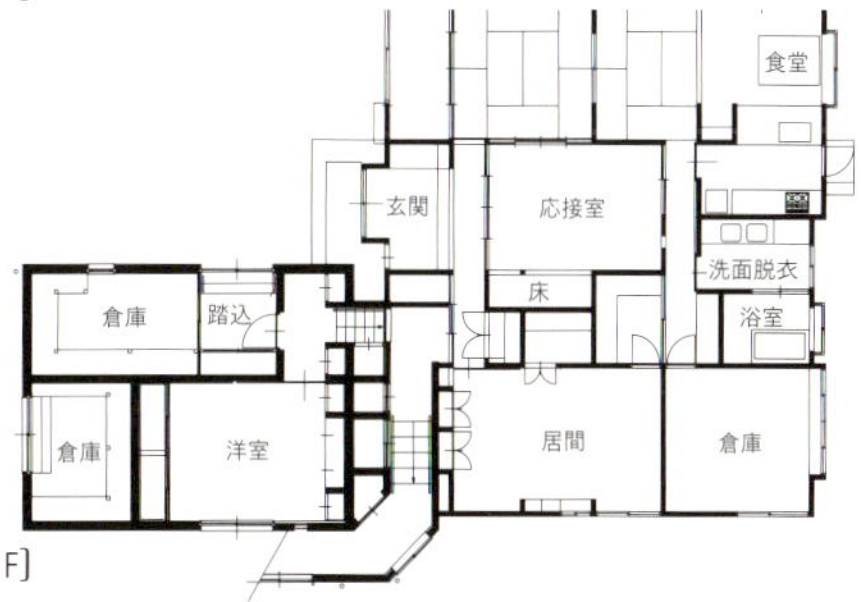

[1F]

設計データ

- 敷地面積…1,527.43 m^2
- 延床面積…185.17 m^2（ロフト25 m^{2}不算入）
- 用途地域…市街化調整区域
- 構造・規模…1F RC造、2・3F 木造
- 設計期間…2015年10月～2016年3月
- 工事期間…2016年4月～2016年12月
- 施工会社…木下建設㈱

家事の負担を減らし 奥様のゆとりを生み出す住まい

case 32

LIC・山本建築設計事務所

中庭のある 平屋の住まい

●家族構成……夫婦＋子ども1人
●所在地……静岡県浜松市

DKと続く中庭（以下すべて、撮影：堀孝之写真事務所）

全てに余計な線が出ないようシンプルなディティールをお願いし、スッキリとした仕上がりに満足しています。内部空間などについては次のような要望を出しました。

1 南の3階建てのアパートからの視線を気にしないで暮らしたい。

2 妻が家での仕事をしやすいよう、動線をよく考えてほしい。妻の駐車スペースには屋根を付けてほしい。

3 主人の実家が北側にあるので、実家の陽当たりを考慮してほしい。

4 趣味の自転車が4台あり、車に載せることが多いので外に収納を造ってほしい。

5 妻のピアノの練習のため、子供室の一つを防音室にしてほしい。

6 主人の隠れ家的ロフトを造ってほしい。物が増えたら収納に使用したい。

以上を踏まえて、向いのアパートからの視線を隔てるためプライベートな中庭のある暮らしを提案いただき、仕上がりに満足しています。中庭には腰掛とコンクリートで設えたツリーBOXを配置し、家族が友人と憩える場が設けられています。

LDKと個室エリアのボリュームを考慮いただき、LDKの仕切り壁を斜めにすることで効率のよい平面構成となり、併せて特徴的な空間となりました。

仕事と主婦業を両立するための家事動線効率がよく、屋内の天窓付きの物干しスペースをバスコートと兼ね、乾いた洗濯物がハンガーのまま仕舞えるクローゼットを洗面の隣に設けていただき洗濯物を畳む手間が省けて、とても便利です。（Yさん）

建築家のプロフィール

山本静男《やまもと しずお》

1954年生まれ／岐阜県出身／愛知工業大学卒業／1994年LIC・山本建築設計事務設立／中部建築賞、INAXデザインコンテスト、静岡県住まいの文化賞、岐阜景観賞

掲載作品へのコメント

家事動線、家事の省力化を考えた、奥様に配慮した住まいづくりを心掛けております。

●LIC・山本建築設計事務所
岐阜県岐阜市六条北3-12-6
（アクセス：JR東海道本線岐阜駅から徒歩20分）
TEL：058-273-2176　FAX：058-273-2176
E-mail：liclic@nifty.com
URL：http://www.liclic.jp/
業務時間（休業日）／9:00−18:00（第2･4土、日･祝）
設計・監理料／総工事費の概ね10%
住宅以外の設計／医院、店舗、オフィスなど

建築家からのメッセージ

住宅設計で大切にしていること

人、場（建築地）から感じるものを大切にしています。デザインだけでなく生活する心地よさ、機能性、断熱性能、収納、動線も大切にしています。

家を建てる人へのアドバイス

自長く生活するうえではデザインと同じく構造、省エネ性能、収納力、機能性がとても大切です。

私はこんな人です

好きな場所………自然の中
好きな建築………穏やかな空間
座右の銘…………志あるところに道は開ける

外観南面夕景

上／動線効率を考慮したLDK
右／アプローチ夜景

設計データ

- 敷地面積…235.20m^2
- 延床面積…118.26m^2
- 用途地域…住居地域
- 構造・規模…木造・地上1F
- 設計期間…2014年8月～2014年11月
- 工事期間…2015年1月～2015年7月
- 施工会社…マブチ工業㈱

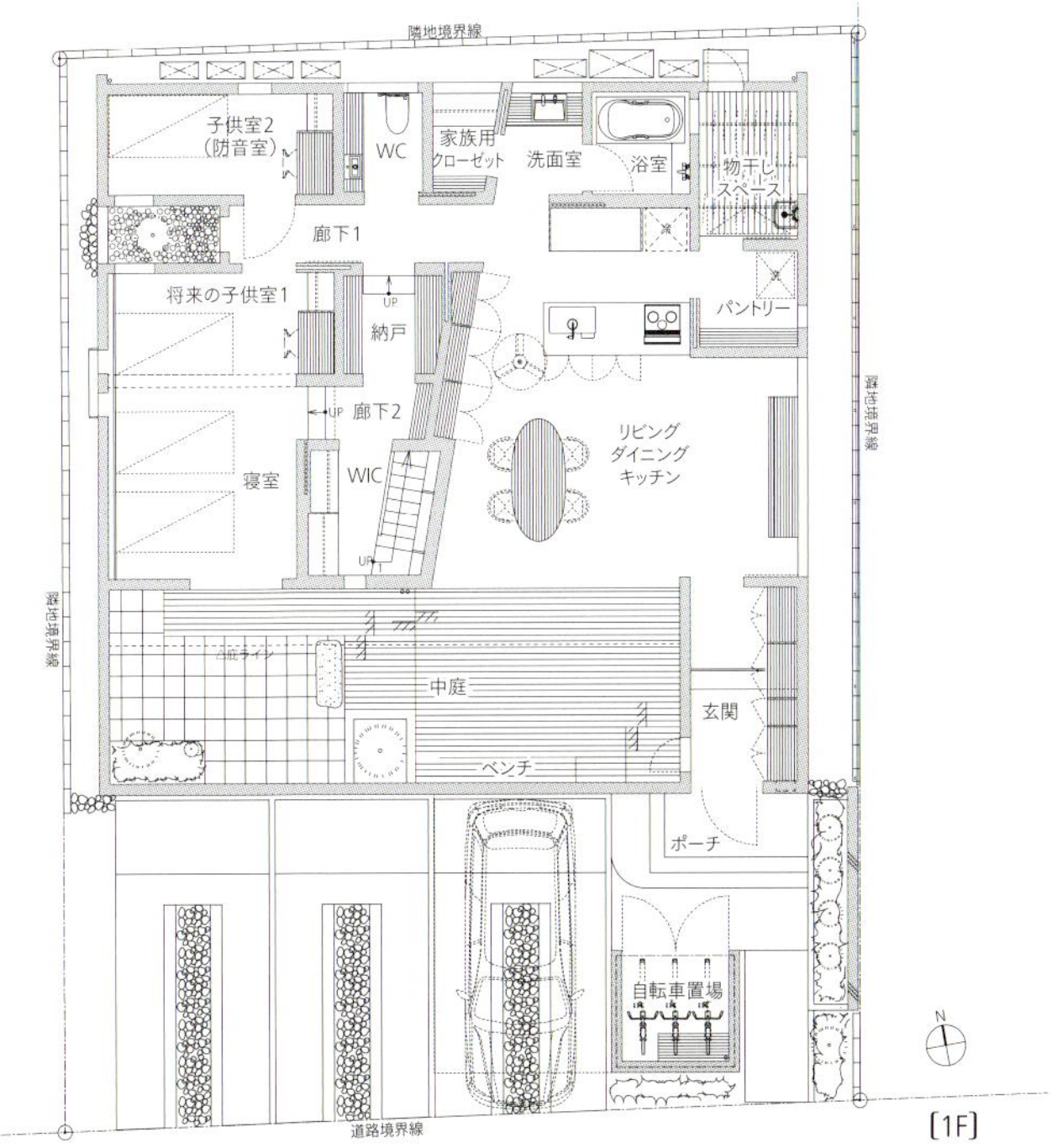

［1F］

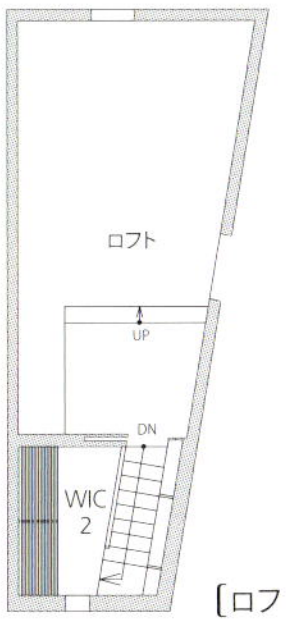

［ロフト］

大きな屋根の下
「食」を中心につながる家

case 33

内田建築設計事務所

つながる家

- 家族構成……夫婦＋子ども2人
- 所在地……岐阜県揖斐郡

上／夕景の南面。デッキも明るくなりバーベキューやお月見会もします　下／南東側。デッキとプレイスペースと植栽
（以下すべて、撮影：冨士商会 - 西田雅彦写真工房）

自分たちにとって、一番心地よい空間って、何だろう?家族みんなで、いろいろ話し合いました。明るく風が流れ、緑がいっぱい、子どもの笑い声、みんなで一緒に楽しくご飯を食べる、おそとでランチ、趣味のリビング、楽しいお庭、家族の気配、お友達とのバーベキュー、家での仕事の作業スペース、子どもの成長に伴う子ども部屋の考え方、パブリックとプライバシー、10年後・20年後・30年後のライフスタイル、両親の住む母屋との関係、コスト、費用対効果…などなど。

料理をしながら、家全体の状態が分かり、子どもたちの気配や声が聞こえるプランと、日中は電気を付けなくても明るいリビングダイニングと風が吹き抜ける空間をお願いしました。また、外観内観とも、飽きのこないこれからもずっと親しみのある温かいデザインと色調を要望しました。現場が進むにつれ、打合せの内容が、よりスケールも分かり現実的になり、現場の打ち合わせもとても楽しく参加しました

（Oさん）

建築家のプロフィール

内田実成《うちだ よしなり》
1974年生まれ／岐阜県出身

掲載作品へのコメント

大きな屋根の下のワンルーム、生活の基本となる衣食住の「食」のダイニングを中心に、それぞれ個々の空間がつながり、家族が一緒につながる家を創りました。また豊かな自然環境を生かし、風と光など自然の恵みをたくさん取り入れ、畑や庭・緑・デッキ等外部スペースを緩衝する事で、外部とも緩やかにつながる空間を提案しました。

●内田建築設計事務所
岐阜県揖斐郡大野町西方北野口791
（アクセス：JR東海道本線穂積駅から車で20分）
TEL：0585-34-3508　FAX：0585-34-3509
E-mail：uchida-a.a.070601@y6.dion.ne.jp
URL：http://uchida-a.com/
業務時間（休業日）／ 9：00－19：00（日・祝）
設計・監理料／総工事費の8－12 ％
住宅以外の設計／事務所ビル、倉庫、寺社

建築家からのメッセージ

住宅設計で大切にしていること

「バランス」という言葉を大切にしています。物と物とのバランス。居室と収納。表側と裏側。壁と開口部。人と人。費用と効果・成果。「バランス」が良いものは、必然的に美しくなり、使いやすく気持ちがいいものです。

家を建てる人へのアドバイス

お互いの理解・共有するべき事を深めるため、よく話し合いをします。その言葉の端々から、提案すべき適正な間取り、空間、素材、など検討をします。建て主のイメージを的確に把握し、考え方・イメージを共有できて初めて、無駄のない美しいプランになると考えます。

私はこんな人です

好きな場所………美しい町並み、歴史のある風景
好きな建築………建物として人々に良く使われている建築、風景や町並みに溶け込む建築
好きな音楽………ビートルズ等60 ～ 70年代のイギリスの音楽
好きな映画………『フォレストガンプ』
好きな食べ物……バーベキュー
愛読書……………建築雑誌
宝物………………家族、友人、ギター
趣味・特技………空手、ギター
建築家をめざすきっかけ………建物好き
ひとこと…………今年開業10年となり、次の10年のさらなる発展のため日々精進します

西面。道路から十分セットバックし緑地を計画

右上／ダイニング。家の中心に計画し、各部屋からと外のデッキからのつながりを考慮
右下／寝室と上部ロフト収納　左／ダイニング上部の吹抜

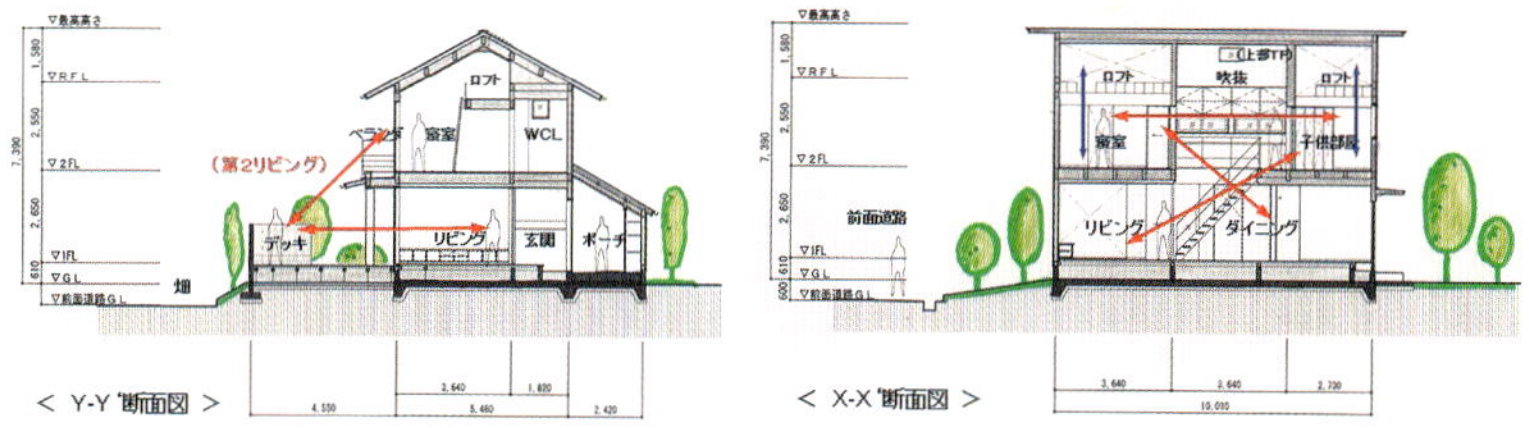

デッキとのつながりと断面計画

設計データ

- 敷地面積…259.52m²
- 延床面積…104.04m²
- 用途地域…都市計画区域内・無指定
- 構造・規模…木造・地上2F
- 設計期間…2015年5月～ 2015年10月
- 工事期間…2015年11月～ 2016年6月
- 施工会社…㈱相宮工務店
- 総工事費…2,800万円（解体・外構・造作家具、含む）

自然素材に包まれた二棟の二世帯住宅

case 34

SSD建築士事務所㈱

双子のibushiの舎

● 家族構成……西棟：夫婦
東棟：30代夫婦＋子ども2人
● 所在地……三重県

外観：いぶし瓦の腰屋根が特徴の双子の家

既存の家を解体して、二世帯住宅を新築することになりました。

今風のハウスメーカーで建てるつもりはもとよりなく、今まで住んでいた昔ながらの伝統構法による手刻み、木組みや土壁、左官仕上げによる自然素材の家にしようと考え、インターネットで調べて出会えた建築家です。

まったくの二世帯同居ではなく、お互いのプライベートを程よく確保できるように別棟として配置していただきました。外観はいぶし瓦の大きな屋根と軒の深さ、ガラスの入った越屋根が特徴です。

構造材や床、天井などはもちろん、建具や家具、キッチンに至るまで地元三重の木を最大限用いています。完成した家の中は木の香りに溢れ、漆喰壁や和室の赤茶壁の風情に心が休まります。

無垢の太い柱や梁で組み上げられた構造体は、西棟、東棟ともに、がっしりとし、重厚かつ繊細な造りです。特に西棟はグランドピアノも設置できる大きな吹き抜けになっており、軒から続く長い登り梁と越屋根から落ちる柔らかい光に包まれ満足しています。

二世帯住宅といっても、それぞれの暮らし方があり、生活時間の違いで遠慮し合うのは仕方のないことです。建築手間やコストは掛かりましたが、このような寄り添う形での配置は本当に良かったと思います。隣り合う部分は、それぞれ趣味の工房や物置として、父と子、また孫たちと作業もでき、付かず離れずの暮らしがますます楽しみです。

（Nさん）

建築家のプロフィール

瀬古智史《せこ さとし》

1967年生まれ／愛知県出身／愛知県と三重県を中心に木材・建築・木工の現場経験と設計知識を深め、2006年津市に一級建築士事務所開設／2014年愛知県瀬戸市に一級建築士事務所兼ショールーム開設／2017年10月無垢材工房開設

掲載作品へのコメント

二世帯住宅の形も千差万別ですが、適度な家族同士の距離を保つ二棟建ての計画は、プライバシーとコミュニケーションの確保において良好な環境を生み出すアイデアだと感じました。また計画に際し意匠の統一性も保ちつつ一体の計画とできたところは、双子というより親子の絆を感じるものがあります。

●SSD建築士事務所㈱
三重オフィス｜三重県津市安濃町川西1281-1
（アクセス：津市役所・安濃支所すぐ）
TEL：059-268-1303　FAX：059-269-5003
瀬戸オフィス｜愛知県瀬戸市汗干町68 長江ビル2F
（アクセス：名鉄瀬戸線新瀬戸駅から徒歩5分）
TEL：0561-21-3580
SSDFF深川｜愛知県瀬戸市須原町34-2
E-mail：seko@ssd-architect.com　URL：https://ssdff.jp/

業務時間（休業日）／三重オフィス｜9:00−19:00（不定休）
瀬戸オフィス｜10:00−19:00（不定休）
設計・監理料／総工事費の10％　住宅以外の設計／店舗など

建築家からのメッセージ

住宅設計で大切にしていること

適切に管理伐採された原木を余すことなく使い切り、長期に渡り住み継がれる家づくりの計画をお手伝いできるよう、これまでに培ってきた知識を最大限に活用し、それぞれの建築計画を提案しています。

家を建てる人へのアドバイス

無垢の木材の断面積が大きい柱や厚板で組み上げる構造体は、温熱環境を支える土壁や断熱材と最善の間取り計画とが相まって、私たち人に対して心地よい住空間を提供してくれます。

私はこんな人です

私が取り組む無垢の木や左官仕上げを使う伝統的な木造建築について、新築住宅をお考えになる人の中でどれほどの方が興味を持たれているのでしょうか。廃棄時に問題となる工業化製品を使わず、永年の使用に耐え、使い込むほどに愛着がわき、再利用もしやすい良いこと尽くめの無垢材や左官材料。工期短縮や企業の利益を優先した考え方から、現在の住宅産業の発展と住空間を構成する素材の性能の劣化が反比例して大きく進んでしまいました。それは、家はつくるものではなく単に買うものという最近のエンドユーザーの認識から、さらに大きな誤解が始まっているような気がしてならないのです。

上／西棟LDK：
漆喰で仕上げた真壁、檜の床、太い柱や梁が逞しい
下右／西棟2F：
登り梁のリズムが美しい。照明は美濃和紙のあかりで
下左／西棟LDK吹抜け：
1Fより吹抜け。天井を見上げる
右／西棟キッチン：
LDKに馴染む造作のオープンキッチン。
建具を閉じて仕切る事も可能

右／東棟玄関：
玄関引き戸も建物に馴染ませて
左／東棟LDK：
広い空間に8寸角柱が
堂々たる趣を演出

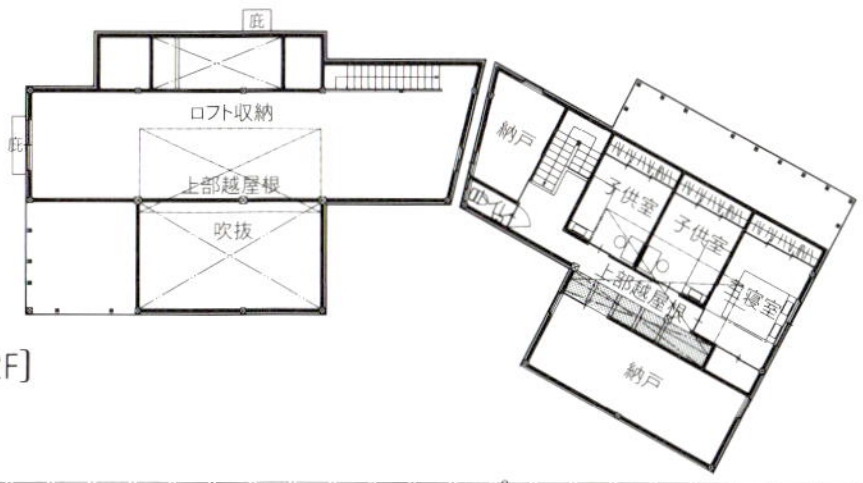

［2F］

［1F］

設計データ

- 敷地面積…西棟：363.85m^2
  東棟：356.58m^2
- 延床面積…西棟：187.08m^2
  東棟：196.55m^2
- 用途地域…第一種中高層住居専用地域
- 構造・規模…西棟：木造・地上2F
  東棟：木造・地上2F
- 設計期間…2014年9月〜2015年8月
- 工事期間…2015年8月〜2017年7月
- 施工会社…直営

花火の見える
スカイデッキが自慢です

case 35

DROPS

S.C.H
（セミ・コートハウス）

● 家族構成……夫婦＋子ども2人
● 所在地……三重県津市

スカイデッキより花火を望む（以下すべて、撮影：森武史）

私たち夫婦はマイホームを持つことが長年の夢で、住宅展示場や住宅雑誌を見ては理想を話し合ったりして想像を膨らませていました。

私が仕事の関係で地元に戻って1年ほどが経った頃、たまたま行ったイベントで相談会を開催しており、そこで今回マイホームを建築していただいた工務店さんと設計士さんに出会いました。ざっくりした希望を話しながら、今までの施工例などを見せていただき、この設計士さんなら私たちの理想の家を建ててくれそう！と思い、打ち合わせをお願いしました。具体的な希望や立地をお伝えし、1回目の提案プランでほぼ私たちの希望を形にしていただき、その後はとくに大きな変更もなく決定しました。

わが家の自慢は「スカイデッキ」です。打ち合わせで花火が見えると話したところ、とても見晴らしが良く、風通しの良い「スカイデッキ」を設計してくれました。

床材は無垢と決めていたのですが、1階と2階の材の種類を変えたため、裸足で歩いたときの質感の違いがおもしろいです。大きいウッドデッキは、子どもたちの良い遊び場になっています。また、L字型の建物の内側にあるのでプライバシーも守れて安心です。洗面室はウッドデッキから直接上がれるので、泥だらけになってもすぐお風呂に入れます。

家のどこにいても子どもたちの気配が感じられる、あたたかい家をつくっていただきました。

（Iさん）

建築家のプロフィール

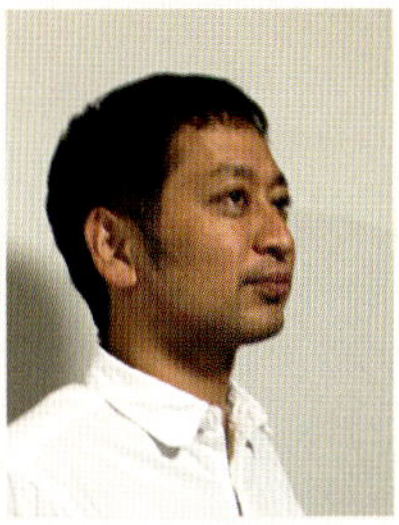

大渡誠一《おおわたり せいいち》

1976年大阪府高槻市生まれ／小学校のとき、三重県松阪市へ転居しました／2000年京都建築専門学校卒業後、県内外の設計事務所勤務を経て、2008年松阪にてDROPSを設立し現在に至ります

掲載作品へのコメント

ご両親と同一敷地内に住居を構えられるI様ご家族でした。L型のプランでありながら、既存の建物を利用しプライバシーの確保された中庭を設けた、セミ・コートハウスを計画しました。また、外部との衝立となる下屋部の屋根にスカイデッキを設置し、敷地からの風景・環境を取り込める住宅を設計しました。

●DROPS
三重県松阪市日丘町1386-128（アクセス：松阪ICから車で5分）
TEL：0598-58-1348　FAX：0598-58-1348
E-mail：seibox1029@yahoo.co.jp
URL：http://archi-drops.com
業務時間（休業日）／ 9：00－18：00（日・祝）
設計・監理料／総工事費の 約8 %（業務内容より算定します）
住宅以外の設計／美容室・飲食店・セレモニーホール・道の駅・保育園など

建築家からのメッセージ

住宅設計で大切にしていること

住まい手とじっくり話し合い、その家庭のライフスタイルを尊重した計画を心がけています。家族の気配を感じ、素材の温もりを感じられる温かい住宅設計を目指しています。

家を建てる人へのアドバイス

既成概念にとらわれず、柔軟に考えることにより自由な発想ができ、計画の幅が広がります。将来のライフプランをしっかりと見据えた計画を行うことで、無駄のない住宅ができると思います。

私はこんな人です

建築設計事務所というと難しく考えられがちですが、私は単純に老若男女問わず愛される飴玉のような建築をつくりたいと考えています。奇をてらわず、理にかなったデザインを心掛け、自然の光・風・素材の魅力を取り込み、住環境の良い空間づくりを目指しています。

プライベートでは、二人の娘の父・共働きの夫として、仕事・子育て・家事に追われる生活を送っており、スノーボード・アウトドア・バイク等の趣味がありますが、なかなか時間がつくれず、最近では料理作りが趣味になっています。（笑）

上／外部へのつながりがあるLDK　右下／光と風を十分に取込む寝室　左下／中庭へと視線が抜ける玄関

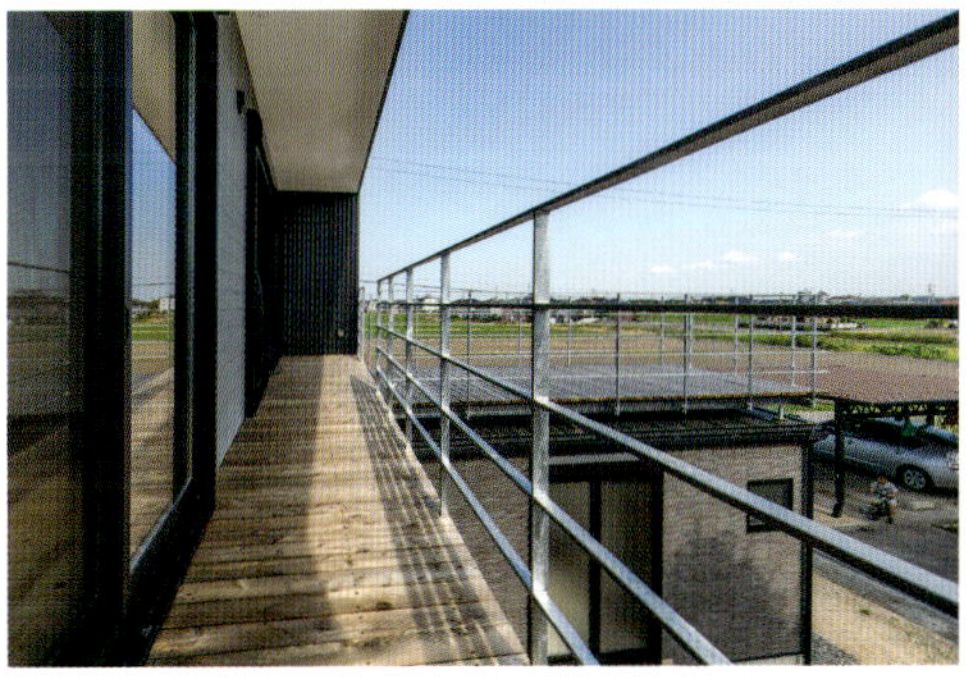

右上／ウッドデッキの夕景　右下／道路側からの外観
左／バルコニーより風景を望む

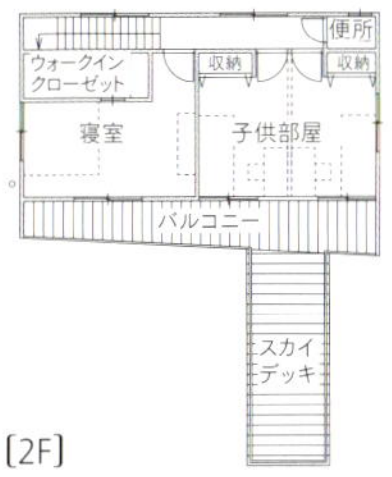

[2F]

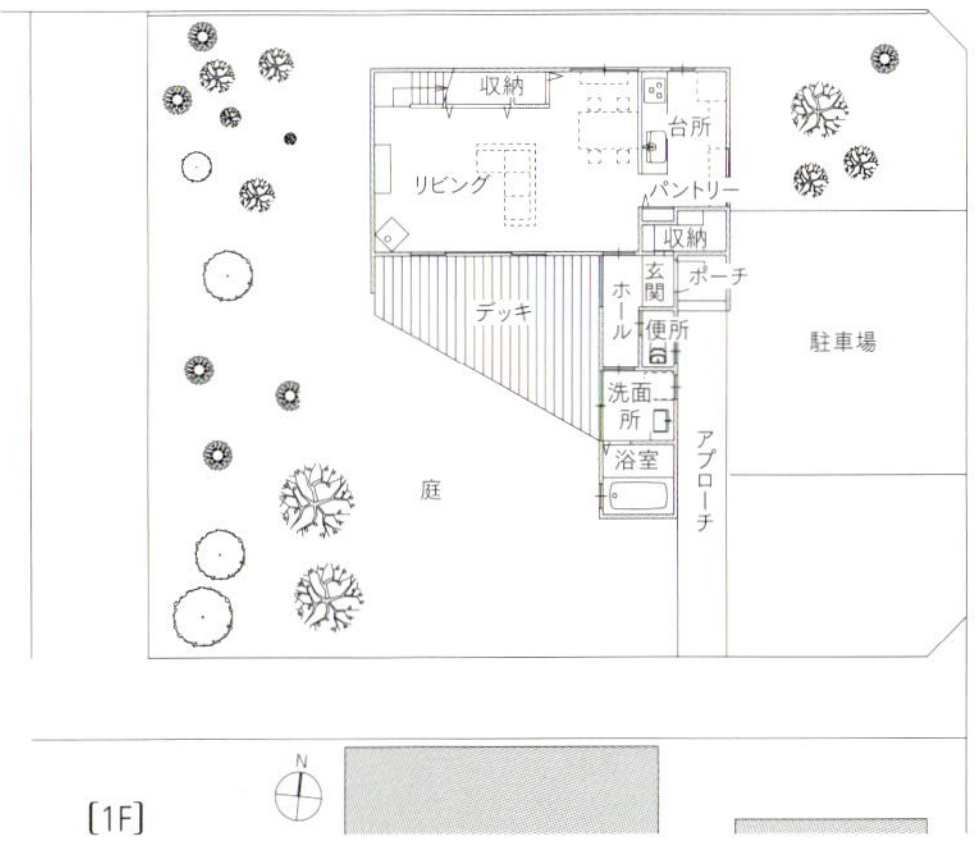

[1F]

設計データ

- 敷地面積…301.94 m^2
- 延床面積…100.73 m^2
  （ウッドデッキ・スカイデッキ除く）
- 用途地域…非設定（都市計画区域外）
- 構造・規模…木造・地上2F
- 設計期間…6か月
- 工事期間…8か月
- 総工費…2,400万円
- 施工会社…上村工建

第二、第三の人生への夢が膨らむリフォーム

case 36

C lab.タカセモトヒデ建築設計

縦動線の増築

- 家族構成……夫婦（60代）
- 所在地……三重県伊勢市

外観夜景。母屋と倉庫の隙間に、ガルバリウムのBOXを挿入した（以下すべて撮影：川合勝士）

定年を迎え子どもたちも巣立ち、二人のための住まいへと家のリフォームを考えていたところでタカセさんに相談しました。

タカセさんには私たちが思っていたリフォームだけでなく、「使われていなかった2階の部屋を有効利用しませんか」と考えてもいなかった案を提案していただきました。ヒアリングの中の他愛もない世間話から、私たちの第二の人生でのチャレンジをくみ取ってくれていたのです。最初は戸惑いましたが、新しい事業への背中を押してくれているような案にも感じましたし、私たちの勢いもつき、タカセさんにお願いすることにしました。

タカセさんとは年齢が離れていたので感性が合うか心配しましたが、私たちにあわせて柔らかい麻の床や、掃除の手間が省けるようユニットバスを提案していただいたりして、打ち合わせをしていくうちに心配もなくなりました。

リフォームで日々の生活が楽になりましたし、仕事場から見える緑も気に入っています。2階へ上がれるうちは二人で事業をがんばりたいと思います。

ここは旧街道にも面していますので、ゆくゆくは民泊などに利用できるのでは！と第三の人生の夢も膨らんでいます。（Tさん）

建築家のプロフィール

高瀬元秀 たかせ もとひで

1979年生まれ／三重県出身／2002年東京理科大学理工学部建築学科卒／ハウスメーカー、AUAU建築研究所を経て2007年独立／三重建築賞、ブロックデザインコンペ入選

掲載作品へのコメント

昭和の標準的な総2階住宅の改修です。子どもたちが巣立ち、使われなくなった2階の部屋を有効利用するため2階へ直接つながる縦動線(サブ玄関と階段)を増築し、各部屋はリフォームしました。現在は第二の人生をスタートされたご夫婦の事業の事務所として利用しています。将来的には2世帯、はたまた民泊等の賃貸利用を視野に入れています。

●C lab.タカセモトヒデ建築設計
伊勢アトリエ｜三重県伊勢市小俣町明野1708
（アクセス：近鉄山田線明野駅から徒歩5分）
TEL：0596-64-8635　FAX：0596-64-8635
名古屋オフィス｜名古屋市中区錦1-17-13　名興ビル2F
（アクセス：地下鉄東山線伏見駅から徒歩3分）
E-mail：mail@c-laboratory.com　URL:http://www.c-laboratory.com
業務時間（休業日）／10:00－（不定休）

設計・監理料／総工事費の10%
住宅以外の設計／店舗、福祉施設

建築家からのメッセージ

住宅設計で大切にしていること

敷地の特性や建て主との会話からヒントを得て設計を行っていきます。建て主さんには、これから一生住まうことになる家をいっしょになって考えてもらいたいと思っています。

家を建てる人へのアドバイス

新築(リフォームも)となると、機能面や性能面にとらわれがちですが、家は日々の暮らしをささえる器です。暮らしの中で感じる光の明暗や四季の変化など、便利さ以外の面も大切にしてほしいと思います。

私はこんな人です

好きな場所………凅沢
好きな建築………生活のあふれ出た路地
好きな音楽………FPM、Jazztronik
好きな画家………鈴木幸永
好きな映画………邦画
好きな食べ物……お酒
愛読書……………岡本太郎、浦沢直樹
宝物………………買い集めた器
趣味・特技………登山、テント泊
建築家をめざすきっかけ……ものつくりが好きだったのでなんとなく志しましたが、今は一生をかける仕事だと思っています。

外観全景

右上／光のそそぐサブ玄関
右下／母屋側水周りもあわせてリフォームした
左上／賃貸も視野に入れたサブキッチン
左下／事務室より階段室をみる

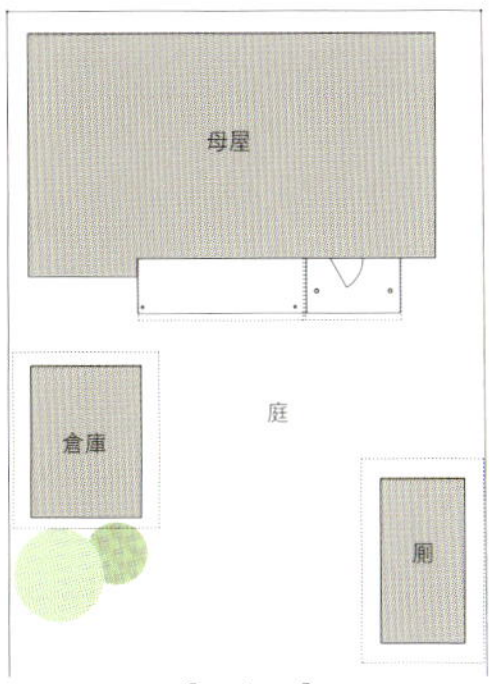

［既存1F］

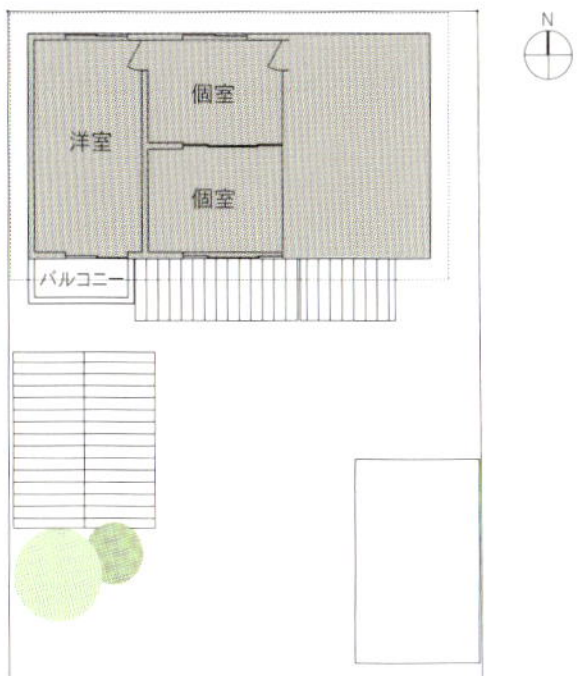

［既存2F］

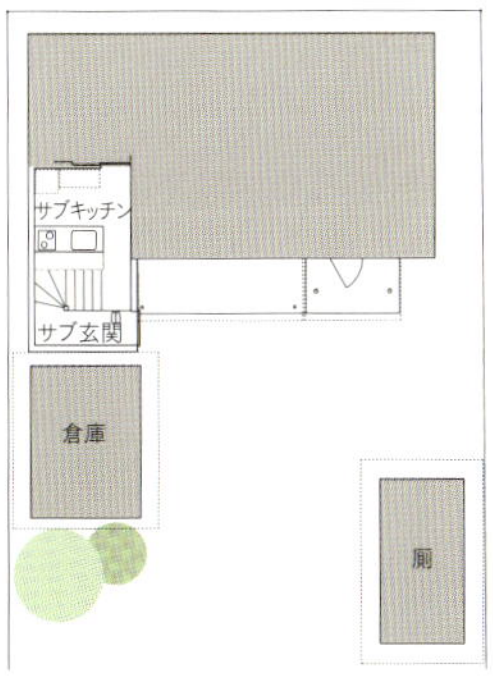

［改修後1F］

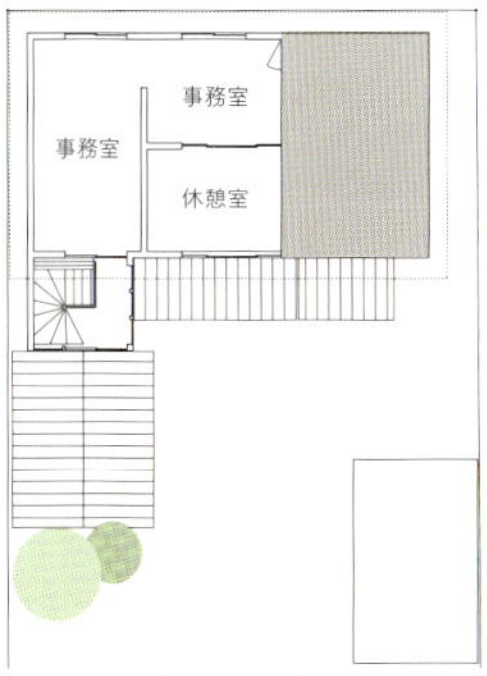

［改修後2F］

設計データ

- 敷地面積…300.00m²
- 延床面積…112.25m²に9.9m²増築
- 用途地域…指定なし
- 構造・規模…木造・地上2F
- 設計期間…2014年1月～2014年7月
- 工事期間…2014年7月～2014年12月
- 総工事費…1,000万円
- 施工会社…倉田建築

case 1

酒井信吾
酒井信吾建築設計事務所

- 住所：〒420-0031
  静岡市葵区呉服町2-7-10
  育英会ビル3F
- TEL：054-250-2030
- TEL（携帯）：090-4269-0638
- E-mail：sker_sakai@yahoo.co.jp
- URL：http://www.sakai-archi.net

case 2

風間健一
㈱風間建築工房

- 住所：〒410-2211
  静岡県伊豆の国市長岡361-16
- TEL：055-948-3330
- FAX：055-948-3303
- E-mail：k@kazaken.jp
- URL：http://www.kazaken.net/

case 3

清水國雄
清水建築工房一級建築士事務所

- 住所：〒436-0084
  静岡県掛川市逆川473-1
- TEL：0537-27-0576
- FAX：0537-27-0576
- E-mail：info@shimizu-arc.jp

case 4

高橋雅志
一級建築士事務所
高橋設計事務所

- 住所：〒436-0045
  静岡県掛川市小鷹町140-2
- TEL：0537-22-5650
- FAX：0537-22-5650
- E-mail：m.taka@rapid.ocn.ne.jp

case 5

鈴木道夫
工房 道

［なごやのアトリエ］
- 住所：〒454-0014
  名古屋市中川区柳川町8-5 明輝ビル2B
- TEL：052-678-7285
- FAX：052-678-7286
- E-mail：koubou-michi@nifty.com
- URL：（事務所名で検索）

［いなべのアトリエ］
- 住所：〒511-0202
  三重県いなべ市員弁町楚原631-1
- TEL：0594-73-0043
- FAX：0594-73-0043

case 6

脇田幸三
㈱綜設計

- 住所：〒453-0801
  名古屋市中村区太閤4-5-18-202
- TEL：052-485-6078
- E-mail：waki@sousekkei.com
- URL：http://sousekkei.com/

case 7

才本清継
㈱才本設計アトリエ

- 住所：〒460-0002
  名古屋市中区丸の内2-17-10
  丸和ビル3F
- TEL：052-212-2988
- FAX：052-212-2989
- E-mail：saimoto@saimoto.jp
- URL：http://www.saimoto.jp

case 8

前田真佑
前田建築設計室

［名東事務所］
- 住所：〒465-0064
  名古屋市名東区大針1-17
- E-mail：office@maeda-room.com
- URL：http://maeda-room.com/

［北事務所］
- 住所：〒462-0844
  名古屋市北区清水5-37-10-904
- TEL：052-748-0617
- FAX：052-748-0617

case 9

今井賢悟
今井賢悟建築設計工房

- 住所：〒463-0048
  名古屋市守山区小幡南2-18-12
  SJKビルVIII小幡302
- TEL：052-217-0213
- FAX：052-217-0213
- E-mail：info@imaiarchi.com
- URL：http://www.imaiarchi.com/

case 10

松原知己
松原建築計画

- 住所：〒463-0001
  名古屋市守山区上志段味羽根476
- TEL：052-700-6911
- FAX：052-700-6912
- E-mail：info@matsubara.architect.com
- URL：http://matsubara-architect.com

case 11

尾崎公俊
設計工房 蒼生舎

- 住所：〒464-0073
  名古屋市千種区高見1-26-4
  タカミ光ビル205
- TEL：052-761-7091
- FAX：052-761-9384
- E-mail：studio@souseisha.net
- URL：http://www.souseisha.net

case 12

光崎敏正
光崎敏正建築創作所㈲

- 住所：〒464-0819 名古屋市
  千種区四ッ谷通1-7 ビレッヂよつや2F
- TEL：052-781-5523
- FAX：052-781-5524
- E-mail：
  kohzaki_kenchiku@syd.odn.ne.jp
- URL：http://www2.odn.ne.jp/
  ~kohzaki_kenchiku/

case 13

高橋泰樹
高橋泰樹設計室

- 住所：〒465-0032
  名古屋市名東区藤が丘103-5
  西山ビル2F
- TEL：052-778-9511
- FAX：052-778-9511
- E-mail：info@kanauie.com
- URL：http://kanauie.com/

case 14

山田昌毅
山田昌毅建築設計事務所

- 住所：〒464-0804
  名古屋市千種区東山元町2-43-105
- TEL：052-782-0820
- FAX：052-782-0827
- E-mail：info@maya-aa.com
- URL：http://maya-aa.com

case 15

川嶌 守
川島建築事務所

- 住所：〒465-0008
  名古屋市名東区猪子石原3-603
- TEL：052-774-8615
- FAX：052-773-9052
- E-mail：info@mk-arc.com
- URL：http://mk-arc.com

case 16

中渡瀬 拡司
CO2WORKS一級建築士事務所

- 住所：〒465-0086
  名古屋市名東区代万町3-10-1
  （［東京アトリエ］〒168-0082
  東京都杉並区久我山2-23-7-203）
- TEL：052-753-8061
- FAX：052-753-8061
- E-mail：moshimoshi@co2works.com
- URL：http://co2works.com

case 17

入江 理
㈱入江設計室

- 住所：〒466-0838
  名古屋市昭和区五軒家町24-1
- TEL：052-834-6400
- FAX：052-834-6410
- E-mail：
  otegami@irie-designhouse.com
- URL：
  http://www.irie-designhouse.com/

case 18

伊藤博樹
MRL設計室

- 住所：〒467-0807
  名古屋市瑞穂区駒場町6-9
  ナカノ瑞穂ビルW2A
- TEL：052-841-6731
- FAX：052-841-6732
- E-mail：mrl@luck.ocn.ne.jp
- URL：http://www.mrl-arc.jp

case 22

谷 進
(有)タクト建築工房

- 住所：〒491-0027
  愛知県一宮市藤塚町3-3-1
- TEL：0586-24-0688
- FAX：0586-24-1168
- E-mail：info@takt-atelier.com
- URL：http://takt-atelier.com

case 21

梶浦博昭
梶浦博昭環境建築設計事務所

- 住所：〒493-8001 愛知県
  一宮市北方町北方字狐塚郷45-1
- TEL：0586-86-8436
- FAX：0586-87-3373
- E-mail：
  kajiura-architect@fine.ocn.ne.jp
- URL：http://kajiura-a.com

case 20

宮崎晋一
空間設計aun（アウン）

- 住所：〒458-0014
  名古屋市緑区神沢1-2214
- TEL：052-700-4284
- FAX：052-700-4284
- E-mail：info@aun-sd.com
- URL：http://www.aun-sd.com

case 19

森 哲哉
森建築設計室

- 住所：〒468-0007
  名古屋市天白区植田本町2-812-1
- TEL：052-807-3205
- FAX：052-807-3206
- E-mail：tcmori@wg7.su-net.ne.jp
- URL：http://www.t-mad.com

case 26

樋口 津也子
KOO（クウ）設計室

- 住所：〒482-0031
  愛知県岩倉市八剱町2127
- TEL：0587-50-0876
  ※2018年5～6月頃移転予定
  現住所・TELはp.65参照
- E-mail：info@koo-design.net
- URL：http://koo-design.net/

case 25

永井政光
永井政光建築設計事務所

- 住所：〒481-0033 愛知県北名古屋市
  西之保清水田71-3 マーベラスII 302
- TEL：0568-70-3768
- FAX：0568-70-5497
- E-mail：
  nagai_architects@na.commufa.jp
- URL：
  http://www.wb.commufa.jp/na_arch/

case 24

上田高史
(有)建築工房エムエーエー

- 住所：〒486-0947
  愛知県春日井市知多町2-6
- TEL：0568-34-4723
- FAX：0568-34-4878
- E-mail：
  maa@kentikukoubou-maa.co.jp
- URL：http://www.
  kentikukoubou-maa.co.jp/

case 23

髙橋純也
Ju Design（ジュウ デザイン）
建築設計室

- 住所：〒483-8044 愛知県江南市
  宮後町砂場東301 メゾン深山3A
- TEL：0587-53-2188
- FAX：0587-53-2188
- E-mail：
  ju.takahashi@judesign-archi.com
- URL：http://www.judesign-archi.com

case 30

高橋昇一
翔・住空間設計

- 住所：〒446-0001
  愛知県安城市里町4-18-30 輝ビル2F
- TEL：0566-91-8735
- FAX：050-3156-2072
- E-mail：info@sho-jukukan.com
- URL：http://www.sho-jukukan.com/

case 29

岡田貴行＋中野真人
岡田中野建築研究室

- 住所：〒444-1214
  愛知県安城市榎前町北榎38
- TEL：0566-95-6727
- FAX：0566-92-0186
- E-mail：t-okada@okadanakano.com
- URL：http://www.okadanakano.com

case 28

岩瀬英二
一級建築士事務所
(有)リトルエッグ

- 住所：〒446-0025
  愛知県安城市古井町小仏3-1
- TEL：0566-75-5955
- FAX：0566-74-6231
- E-mail：eiji@litt-egg.co.jp
- URL：https://iwase-little.wixsite.
  com/iwase-ko

case 27

六浦基晴
m5_architecte/エムサンク_
アーキテクト一級建築士事務所

- 住所：〒481-0033
  愛知県北名古屋市西之保中屋敷11
- TEL：050-5885-0645
- E-mail：mutsuura@m5archi.com
- URL：https://www.m5archi.com

case 35

大渡誠一
DROPS

- 住所：〒515-0835
  三重県松阪市日丘町1386-128
- TEL：0598-58-1348
- FAX：0598-58-1348
- E-mail：seibox1029@yahoo.co.jp
- URL：http://archi-drops.com

case 33

内田実成
内田建築設計事務所

- 住所：〒501-0514
  岐阜県揖斐郡大野町西方北野口791
- TEL：0585-34-3508
- FAX：0585-34-3509
- E-mail：
  uchida-a.a.070601@y6.dion.ne.jp
- URL：http://uchida-a.com/

case 32

山本静男
LIC・山本建築設計事務所

- 住所：〒500-8359
  岐阜県岐阜市六条北3-12-6
- TEL：058-273-2176
- FAX：058-273-2176
- E-mail：liclic@nifty.com
- URL：http://www.liclic.jp/

case 31

川窪 巧
川窪設計工房

- 住所：〒444-0804
  愛知県岡崎市美合町生田78
- TEL：0564-52-7688
- FAX：0564-52-8136
- E-mail：kawakubo@catvmics.ne.jp
- URL：http://home1.catvmics.ne.jp/
  ~kawakubo/

case 36

高瀬元秀
C lab.タカセモトヒデ建築設計

[伊勢アトリエ]
- 住所：〒519-0501
  三重県伊勢市小俣町明野1708
- TEL：0596-64-8635
- FAX：0596-64-8635

[名古屋オフィス]
- 住所：〒460-0003
  名古屋市中区錦1-17-13 名興ビル2F
- E-mail：mail@c-laboratory.com
- URL：http://www.c-laboratory.com

case 34

瀬古智史
SSD建築士事務所(株)

[三重オフィス]
- 住所：〒514-2308
  三重県津市安濃町川西1281-1
- TEL：059-268-1303
- FAX：059-269-5003
- E-mail：seko@ssd-architect.com
- URL：https://ssdff.jp/

[瀬戸オフィス]
- 住所：〒489-0801
  愛知県瀬戸市汗干町68 長江ビル2F
- TEL：0561-21-3580

[SSDFF深川]
- 住所：〒489-0033
  愛知県瀬戸市須原町34-2

満点の家をつくりたい 3

東海の建築家とつくる家

2018年4月30日初版発行

編集……………………建築ジャーナル
（岩田敦子，倉地孝彦，服部真也，山崎太資）

発行所………………企業組合 建築ジャーナル
〒101-0032 東京都千代田区岩本町3-2-1
共同ビル新岩本町4F
TEL：03-3861-8101
FAX：03-3861-8205
URL：http://www.kj-web.or.jp

装幀……………………村上 和

本文デザイン……伊藤美香＋村上 和

イラスト………………古谷 萌（カバー，P. 6–10，P. 13）
赤川ちか子（P. 4–5）

印刷・製本…………株式会社 明祥

定価はカバーに表示されています。
ISBN978-4-86035-110-6